그림책
레시피

그림책을 읽고 함께 요리하는

그림책 레시피

사랑눈·정화 지음

학교
도서관
저널

작가의 말

그림책과 음식이 놓여 있는
테이블로 초대합니다

『그림책 레시피』는 다른 식으로 말하자면 '그림책과 함께하는 로푸드 요리 수업'입니다. 아이들과 함께 그림책의 글과 그림을 읽고, 가열하지 않는 생식 요리인 로푸드(Raw Food)를 실제로 만드는 수업입니다. 『그림책 레시피』는 우연히 시작되었습니다. 첫째 아이는 태어나서 3년 동안 아토피로 무척 고생했습니다. 화학첨가물이나 우유, 밀가루가 들어간 음식을 먹으면 밤새 온몸을 긁었습니다. 신선한 채소와 과일은 좋아하지 않았고, 달콤한 빵과 과자, 튀김 같은 자극적인 간식에 길들여 있었습니다. 아무리 "당근이 몸에 좋다.", "시금치는 몸을 튼튼하게 한다." 말해도 야채나 과일을 건네면 저만치 달아나거나 입을 휙 돌렸습니다.

결국 채소 먹이기를 포기하고, 아이에게 평소처럼 그림책을 읽어 주었습니다. 당근을 무척 좋아하는 토끼가 주인공이었지요. 집

안에 가득 찬 당근 때문에 친구 집을 돌아다니던 토끼가 결국 당근으로 요리를 해서 나누어 먹는 내용이었습니다. 그림책을 다 읽고 나서 아이가 냉장고 안에 있는 당근을 보더니 말했습니다.

"엄마, 토끼가 당근이 많아서 우리 집에도 나눠 주고 갔나 봐."

이때다 싶어 재빨리 대답했습니다.

"그럼, 우리는 당근으로 뭘 해 먹을까?"

"당근 주스?"

"그럴까? 당근에 사과도 넣어 볼까?"

그날 읽었던 『토끼의 당근 당근 당근』 그림책과 아이와 만든 '당근 주스'가 그림책 요리 수업의 첫 시작이었습니다. 그 후 채소와 과일을 더욱 건강하게 먹을 수 있는 생채식 조리법의 하나로 로푸드를 알았고, 불을 사용하지 않고 쉽게 만들 수 있다는 점이 매력적으로 다가왔습니다. 아이들과도 보다 안전하게 요리 수업을 할 수 있을 것 같았거든요. 그림책과 재료를 고르고, 전문가 선생님과 레시피를 만들었습니다.

그림책이 보여 주는 '멋'과 로푸드 요리의 '맛'은 꽤 잘 어울렸습니다. 각 계절의 그림책을 함께 읽고, 그것의 의미나 표현 방식과 연계된 활동을 하고, 부엌으로 자리를 옮겨 그림책의 소재나 주제와 관련된 채소나 과일을 사용하여 요리하는 흐름으로 진행했습니다.

그림책 요리 수업을 열면서 두 가지 마음을 담았습니다. 학년이 올라가면서 그림책을 안 보는 아이들, 슬쩍 넘기다가 덮어 버리는 아이들에게는 '요리'를 통해 다시 그림책을 만나게 해주고 싶었습니다. 또 이미 조리되거나 배달된 음식에 익숙해져 신선한 재료 자체나 온전한 요리 과정을 접할 기회가 부족한 아이들에게 글과 그림의 힘을 빌려 건강한 음식을 맛보게 해주고 싶었습니다. 처음 오는 아이들 대부분은 그림책보다 '요리'에 더 관심이 많았습니다. 대체로 책 읽는 건 지루해하지만 손으로 요리하고 먹는 걸 좋아해서 온 아이들이었습니다. 그림책을 읽어 주면 "요리는 언제 해요? 요리하는 줄 알고 왔는데"라며 투덜거리는 아이들도 있었습니다. 그랬던 아이들이 집으로 돌아가서 수업 때 보았던 그림책을 다시 찾았다는 소식, 그림책을 보면 같이 만들었던 요리가 떠오른다는 이야기가 들려왔습니다. 같이 그림책을 읽고, 요리하는 시간이 켜켜이 쌓여 가는 동안 아이들에게 그림책은 손의 감각과 맛으로 기억되었습니다. 그리고 재료와 요리는 그림책 장면이나 글로 이어졌습니다. 둥그런 테이블에 둘러앉아 그림책을 읽고 요리를 하고 나누어 먹으면서 우리는 가족 혹은 친구가 되었지요.

 이제 맛있는 음식과 그림책이 놓여 있는 식탁에 여러분을 초대합니다.

추천의 글

그림책과 요리가 아이들과 만났습니다. 창의적이며 통섭적인 접근입니다. 이 책의 미덕은 언어 학습으로만 좁혀 봐도 넘칩니다. 눈으로 보고 손으로 만지고 냄새 맡고 씹고 맛본 '케일'과 단어장의 '케일'은 다릅니다. 내가 실제 해본 '버무리다'는 그림책 속 단어 '버무리다'와 다르지요. 온몸의 감각을 열어서 배운 말과 글은 장기기억으로 더 쉽게 옮겨집니다. 이렇게 배운 언어는 오래도록 삶과 공부에서 잘 쓰게 되지요.

게다가 침묵 속에 홀로가 아니라 여럿이 함께합니다. 그림책을 같이 읽고, 이야기를 나누고, 요리를 나누고, 감상을 나눕니다. 그 속에서 글과 말, 이미지와 음식, 몸짓 등 다양한 텍스트를 이해하고 표현하는 활동이 이루어집니다. 풍성한 대화의 향연입니다.

교육인류학을 공부한 사랑눈 선생님의 네러티브(narrative)를 읽다 보면, 교실에 들어와 있는 듯합니다. 수업 상황과 아이들의 반응이 생생하게 그려집니다. 제가 그렇듯 여러분도 이 책을 따라 봄여름가을겨울을 나고 싶을 거예요.

김은하(책과교육연구소 대표, 작가·강사·연구자·기획자)

차례

작가의 말 … 4
추천의 글 … 7
그림책 요리 수업을 시작하며 … 10

그림책 레시피를 펼치다

봄날의 그림책 테이블
『딸기』와 초코 딸기 … 22
『할머니 어디 가요? 쑥 뜯으러 간다!』와 쑥 마카롱 … 30
『세상의 많고 많은 초록들』과 케일 칩 … 38
『할머니가 물려주신 요리책』과 키위 과실편 … 46
*그림책과 함께 하는 봄 요리 … 54

여름날의 그림책 테이블
『수박 수영장』과 수박 피자 … 60
『아이스크림이 꽁꽁』과 과일 아이스크림 … 68
『린 할머니의 복숭아나무』와 복숭아 말랭이 차 … 76
『눈물바다』와 과일 스무디 … 84
*그림책과 함께 하는 여름 요리 … 92

가을날의 그림책 테이블
『알밤 소풍』과 알밤 스프레드 … 98
『대추 한 알』과 대추 브라우니 … 106
『꽃·사과』와 사과꽃 타르트 … 114
『달 케이크』와 단호박 무스 … 122
* 그림책과 함께 하는 가을 요리 … 130

겨울날의 그림책 테이블
『귤 사람』과 귤 케이크 … 136
『아기 힘이 세졌어요』와 아보카도 샐러드 … 144
『토끼의 당근 당근 당근』과 당근 팝콘 … 152
『고구마구마』와 고구마 코코넛 볼 … 160
* 그림책과 함께 하는 겨울 요리 … 168

그림책 요리 수업을 마치다 … 172
그림책 요리 수업 Q&A … 178
감사의 말 … 182

재료와 음식에 관한 그림책 목록 … 186

| 그림책 요리 수업을 시작하며

그림책을 즐겁고 맛있게 읽는 법

처음부터 끝까지 읽어요

음식은 처음 맛과 끝 맛이 다르고, 또 씹을수록 맛이 우러나오는 것도 많습니다. 그림책도 마찬가지입니다. 겉표지와 면지부터 추천사, 판권, 판형, 심지어 그림책 뒷면 바코드까지 모두 의미가 있습니다. 책에 숨겨진 의미를 찾고, 글과 그림을 더욱 풍부하게 읽기 위해서는 그림책을 처음부터 끝까지 천천히 보고 여러 번 읽는 것이 좋습니다. 찬찬히 읽고 또 읽으면 깊은 재미를 느낄 수 있습니다.

함께 이야기 나누며 읽어요

음식은 혼자 먹는 것보다 같이 먹으면 더 맛있지 않나요? 한 권의 그림책도 그림책을 읽는 사람 안에서 다른 이야기로 태어납니다. 그림책은 혼자 읽는 것보다 함께 읽고 이야기를 나누다 보면 내 생각을 정리할 수 있고, 다른 사람은 어떻게 생각하는지 알 수 있습니다. 그 과정을 경험하면 한 권의 그림책을 이해하는 폭과 넓이가 달라져 있습니다.

작가를 생각하며 읽어요

요리사에 따라 음식의 맛이 달라지기도 하지요? 작가의 삶을 알고 난 후 읽은 그림책은 그전과 사뭇 다릅니다. 『대추 한 알』과 『수박이 먹고 싶으면』의 그림을 그린 유리 작가는 어린 시절 농장에서 살았던 기억을 가장 소중히 여긴다고 했는데, 성장 배경에 관한 글을 읽고 나면 작품에 쏟은 열정의 원천이 어디에서 왔는지 이해할 수 있습니다. 이렇게 작가의 삶을 알아가면서 자신이 좋아하는 그림책 작가가 생기는 일은 참 반가운 일입니다.

질문하며 읽어요

음식을 먹을 때 어떻게 맛을 냈는지, 어떤 재료가 들어갔는지 알면 한층 더 맛있게 느껴지지 않나요? 그림책에는 작가가 의도한 혹은 의도하지 않은 장치가 숨겨져 있습니다. 눈 밝은 독자가 찾아주기를 바라며 이전 그림책의 주인공을 다음 그림책에 놓아두기도 하고, 화가 났을 때와 마음이 진정되었을 때의 색감을 다르게 표현하여 색의 은유를 담기도 합니다. 그림을 볼 때 '왜 여기에 이걸 그렸을까?', '빨간색이 아닌 보라색을 썼을까?', '이야기를 다른 방향으로 끌고 갈 수는 없었을까?' 하는 다양한 질문을 품고 읽는다면 그림책의 새로운 재미를 발견할 수 있습니다.

건강하고 안전하게 요리하는 법

제철 채소와 과일을 골라요

로푸드는 채소와 과일을 요리하는 과정에서 손실되는 영양소를 최대한 줄이기 위한 조리법입니다. 모든 요리가 그러하겠지만 특히 로푸드에서는 원재료의 맛을 가장 잘 느낄 수 있는 신선한 재료가 중요합니다. 요즘에는 계절에 상관없이 재료를 구할 수 있지만 봄, 여름, 가을, 겨울 계절에 나는 제철 채소와 과일을 주로 사용합니다.

재료가 나에게 와서, 다시 돌아가는 과정을 생각해요

우리는 음식의 재료를 밭에서 직접 가꾸기보다 세척과 포장, 배송을 거친 재료를 마트나 시장에서 돈을 주고 사는 것에 더 익숙합니다. 사실 자주 먹는 상추, 토마토, 오이 등 모든 과일과 채소는 누군가 씨를 뿌리거나 모종을 심어서 가꾸고 돌본 것이고, 그 안에는 바람과 비와 햇살이 담겨 있습니다. 음식을 준비하고, 먹으며 재료가 우리 손에 들어오기까지 자연의 시간과 사람의 손길이 담겨 있음을 기억합니다. 내가 먹은 음식이나 음식물 쓰레기가 다시 흙으로 돌아가는 과정을 생각하며 남기지 않도록 합니다.

건강하고, 안전하게 만들어요

요리를 할 때 가장 중요한 것은 요리 과정에서 다치지 않는 것입니다. 그리고 완성된 요리를 맛있고 건강하게 먹는 것도 중요하지요. 그림책 요리 수업에서는 우유, 달걀, 고기, 버터를 사용하지 않았지만, 캐슈너트, 호두, 아몬드와 같은 견과류를 자주 사용합니다. 요리를 하는 사람도, 먹는 사람도 요리 재료를 확인하고 알레르기를 유발하는 것은 없는지 살펴봅니다. 로푸드는 불을 쓰지 않아서 화재 위험은 덜 하지만 믹서기, 식품 건조기, 푸드프로세서처럼 전기를 사용한 조리도구를 자주 사용합니다. 사전에 안전한 사용법을 익히고, 안전수칙을 잘 지켜서 사용합니다.

내 손으로 끝까지 해요

재료 다듬기부터 다 먹은 그릇을 정리하고 씻는 일까지 요리 과정입니다. 처음부터 끝까지 아이들이 함께 하며 스스로 하게 합니다. 예를 들어 고구마 말랭이를 만든다고 할 때, 흙 묻은 고구마를 씻어, 찜통에 찐 다음 껍질을 벗겨 길쭉하게 썰고, 건조기에 골고루 펴서 말리는 모든 공정을 직접 하다 보면 하나의 음식이 만들어지는 과정을 온전히 체험할 수 있고, 요리 과정을 말이나 글, 그림 등 자신에게 맞는 방식으로 기록할 수 있습니다. 그러고 나면 일상으로 돌아간 뒤에도 손의 감각을 떠올려 다시 만들어 볼 수 있습니다.

요리에 필요한 기본 조리도구

그림책 레시피로 만드는 요리는 과정이 간단합니다. 믹서기, 푸드프로세서, 식품 건조기와 같은 기본 조리도구의 특징을 알고 활용하면 쉽게 만들 수 있습니다. 가장 많이 사용하는 조리도구는 믹서기와 푸드프로세서이며, 둘의 차이는 액체 재료의 유무입니다. 믹서기는 주로 과일 스무디를 만들 때 사용합니다. 단단한 재료를 곱게 갈고 싶을 때는 반드시 칼날이 물에 잠길 만큼 액체를 넣어야 합니다. 반면 푸드프로세서는 액체 없이도 작동되기 때문에 호두나 캐슈너트, 아몬드와 같은 딱딱한 견과류를 갈 수 있습니다. 다져지면서 뭉쳐지는 정도라서 씹는 식감이 느껴집니다.

식품 건조기는 견과류, 과일, 채소를 말릴 때 사용합니다. 오븐처럼 온도가 높지 않아서 예상 건조 시간과 온도를 미리 알아두거나 혹은 건조 상태를 보면서 시간과 온도를 조절해도 됩니다. 유산지나 테프론시트를 깔고 사용하는 게 좋습니다. 여러 재료를 섞을 때는 스테인리스 볼을 준비합니다. 타르트나 케이크를 만들 때는 분리가 되는 틀을 사용해야 만든 후에 꺼내기 쉽습니다. 정확한 양을 계량해서 요리를 하고 싶을 때는 계량컵을 사용하고, V 슬라이서를 이용하면 과일, 채소의 단면을 얇게 썰 수 있습니다. 야채 다지기를 사용하면 안전하고 편리하게 야채와 과일을 다질 수 있습니다.

이름	형태	용도
푸드프로세서		액체 없이 재료를 갈거나 섞는다.
믹서기		액체를 넣어 재료를 크림이나 주스처럼 곱게 간다.
식품 건조기		채소나 과일, 견과류를 건조한다.
다양한 계량컵		재료의 양을 측정한다. 1C(1컵) = 200mL / 1T(테이블스푼) = 15mL / 1t(티스푼) = 5mL
볼		여러 가지 재료를 담아 섞는다.
타르트 틀		케이크나 타르트 반죽의 모양을 잡아 준다.
V 슬라이서		채소나 과일을 균일한 두께로 비스듬히 얇게 썬다.
야채 다지기		채소와 과일을 쉽게 다진다.

그림책 요리 수업 전에 안전 규칙을 지키는 약속을 합니다.

안전한 수업을 위한 약속

1. 선생님의 안내가 있기 전에는 수업에 사용되는 음식 재료나 기구에 함부로 손을 대지 않겠습니다.
   (믹서기와 푸드프로세서의 칼날, 전기 콘센트 등)
2. 알레르기가 있는 음식 재료가 있다면 꼭 미리 선생님께 말합니다.
   (손으로 만지거나 맛보지 않습니다.)
3. 젖은 손으로 전기 기기 및 전기 배선을 만지지 않겠습니다.
4. 요리하는 곳 주변 정리 정돈을 철저히 하겠습니다.
5. 수업 전에는 깨끗하게 손을 씻겠습니다.
6. 수업 중에 사고가 발생하면(칼에 손을 베었거나 다쳤을 때) 즉시 선생님께 말씀드리겠습니다.
7. 함께 참여하는 친구들의 이야기를 경청하고, 배려하겠습니다.
8. 수업에서는 위생 모자와 앞치마 등을 착용하겠습니다.
9. 요리 수업 때의 기기 작업 및 조작은 지정된 사용법을 정확히 따르겠습니다.
10. 화재나 사고가 발생했을 때는 선생님의 지시에 따라 침착하게 대피하겠습니다.

**나는 스스로를 지키기 위하여 위의 안전 규칙을 지키며
그림책 요리 수업에 참여할 것을 약속합니다.**

20   년   월   일

이름 :   (서명)

요리 재료를 미리 공지하고, 알레르기 여부를 확인합니다.

건강 기초 조사표

	알레르기 유발 물질 또는 음식	증상
1		
2		
3		
4		
5		
6		
7		
8		
9		
10		
11		
12		
13		
14		
15		
16		
17		
18		

건강 특이사항(위급 상황 시 대처 방법)
:

학생 :　　　　　(서명)

보호자 :　　　　(서명)

그림책 레시피를 펼치다

봄날의 그림책 테이블

두근두근 떨리는 발걸음을 내딛던 3월의 입학식, 바람에 흩날리는 4월의 벚꽃, 빨리 아침이 오길 바라는 마음으로 기다리는 5월의 소풍, 봄이 왔음을 느끼는 지점은 모두 다르다. 내게 봄은 '쑥, 달래, 냉이, 딸기'의 모습으로 찾아온다. 과일이나 채소를 직접 키우거나 수확하지 못하는 마음을 달래며, 마트나 시장에 가서 장바구니 가득 재료를 담아온다. 그리고 책장 속의 그림책을 보며 그림책 식탁의 메뉴를 고민한다.

겨울부터 봄까지 달콤함을 책임지는 딸기와 봄의 가장 친한 친구 쑥을 보고, 그림책 『딸기』와 『할머니 어디 가요? 쑥 뜯으러 간다!』를 골랐다면, 『세상의 많고 많은 초록들』을 읽고 초록빛이 가득한 진초록 케일 칩이 떠올랐고, 『할머니가 물려주신 요리책』에서 이야기 할머니의 비법을 살피다가 오후의 나른한 춘곤증을 깨우는 새콤한 키위 과실편이 떠올랐다. 그렇게 준비한 네 가지 책과 요리가 부디 손님의 입맛에 맞기를 바라며 봄날의 손님들을 기다린다.

봄의 레시피

『딸기』
초코 딸기

『할머니 어디 가요? 쑥 뜯으러 간다!』
쑥 마카롱

『세상의 많고 많은 초록들』
케일 칩

『할머니가 물려주신 요리책』
키위 과실편

『딸기』와 초코 딸기

저녁놀이 빨갛게 물든 딸기

『딸기』, 신구 스스무 지음, 한솔수북

신구 스스무는 바람, 물과 같은 자연의 힘으로 움직이는 조각을 만드는 예술가다. 딸기를 무척 좋아해 그림책으로 만든, 첫 작품 『딸기』에 나오는 작가의 말을 살펴보자.

"나는 딸기를 무척 좋아합니다. 딸기는 한입에 쏙 들어갈 만큼 매우 작지만 크고 아름다운 자연에서 태어납니다. 딸기는 달콤하고, 예쁘고, 추위에도 잘 견딥니다."

'딸기'를 주제로 그림책까지 만든 작가의 이야기를 들려주며 아이들에게 좋아하는 과일을 물었다. 누구는 파란색 색연필을 갈아 만든 듯한 블루베리를 좋아한다고 했고, 어떤 아이는 먹는 순간의 부드러운 식감과 달콤한 맛이 짱이라며 망고를 최고의 과일로 뽑았다. 원숭이를 좋아해서 원숭이가 좋아하는 바나나까지 좋다고 말하는 아이 등 좋아하는 과일마다 각자의 이유가 있었다. 우리는 작가가 왜 딸기를 좋아했을까 상상하며 그림책을 펼쳤다.

작가는 딸기 한 포기가 바람과 햇빛, 비의 시간 속에서 줄기를 뻗어 나가다가 하얗고 노란 꽃을 피우며 빨간 열매를 맺는 과정을 한 편의 시처럼 그려내고 있다. 빨간색의 강렬한 표지부터 훌륭한 그림을 감상할 수 있도록 처음에는 글을 읽지 않고, 그림만 보여 주었다. 내 목소리가 방해되지 않기를 바랐고, 그림을 따라 자신이 생각하는 이야기를 떠올렸으면 했다. 그런 다음 최대한 천천히 그림을 따라가며 글을 읽어 주었다.

"이렇게 보니까 뭔가 여유로워요."

"저는 글이 그림을 설명하는 이야기일 줄 알았는데 생각했던 내용이랑 전혀 달라서 신기해요."

아이들이 그림을 보는 동안 준비한 딸기를 꺼냈다. 오늘 요리에 얼린 딸기가 필요해 미리 꼬치 막대기에 딸기를 꽂아 냉동실에 넣어 두고, 남은 딸기는 직접 살펴보면서 그림책 장면과 비교했다. 아이들은 두 손에 딸기를 담아 향을 맡고, 손가락으로 겉을 만져 보고, 송송 박힌 딸기 씨를 빼거나 딸기를 가로, 세로로 잘라 보며 자신이 발견한 것을 서로 나누었다.

"작가는 딸기가 빨갛게 익어 가는 걸 보고 저녁놀이 하얀 딸기를 빨갛게 물들였다고 했어요."

"황금빛 못이 박혀 있다고 한 건 여기 노란 딸기 씨를 말하는 것 같아요."

"딸기를 세로로 자르면 속이 하얗거든요. 그걸 보고 한 줌 햇볕도 없는 차갑고 하얀 세계라고 한 거 아닐까요?"

그림책을 보고 이야기를 나눈 다음 관찰하는 딸기는 그전과 달랐다. 자연의 바람, 비, 햇빛, 흰 눈을 가득 머금은 딸기였다. 손에 빨간 물이 드는지도 모르고 맛있게 먹기만 했지 딸기 안과 밖의 세계를 생각해 본 적은 없었다. 그래서 딸기밭에 눈이 내리는 풍경을 보고 "눈을 덮고 잠을 자요. 소곤소곤 새근새근"이라고 한 작가의 표현에 감탄했다. 그림책 『딸기』를 읽고 딸기를 탐색하는 일은 새로운 경험이었다.

딸기는 따뜻한 기운을 싫어해 밖에 하루만 두어도 금세 물러진다. 맛있는 딸기를 신선하게 오래 먹을 수는 없을까? 아이들은 집에서 만들어 봤다면서 딸기잼, 딸기 수제 청을 만들어 보자고 했다. 하지만 예상을 뒤엎고 카카오 가루, 카카오 버터, 아가베 시럽이 식탁 위에 놓였다. 준비해 둔 중탕 그릇에 카카오 버터를 충분히 녹인 후 그 위에 카카오 가루와 아가베 시럽을 넣고 휘휘 저어 초코 시럽을 만들었다. 그런 다음 아까 얼려 둔 딸기를 꺼냈다. 살짝 얼어 차가운 딸기에 따뜻한 초코 시럽을 후다닥 두르니 초콜릿이 굳어지며 초코 옷을 입은 딸기가 되었다.

"딸기가 온천에 들어가더니 초코 옷을 입고 나왔어요."

아이의 말에 웃음이 터졌다. 초코 옷을 입은 딸기에 햄프씨드를 솔솔 뿌리면 멋쟁이 초코 딸기 완성이다. 아이들은 자신이 만든 초코 딸기에 그림책 속 단어로 이름을 붙였다. 딸기를 통해 자연의 아름다움을 전하고 싶었던 작가의 마음이 아이들에게 가 닿았다.

그림책과 함께 하는 요리 수업

과정	질문과 활동

탐색	◎ 그림책 제목 보며 좋아하는 과일과 이유 말하기
	  "좋아하는 과일과 그 이유는 무엇인가요?"
	◎ 그림책 보고, 이야기 나누기
	  "작가는 왜 딸기를 좋아할까요?"
	  "작가는 딸기가 자라는 모습을 어떻게 표현했나요?"
	  "가장 마음에 남는 그림책 장면은 무엇인가요?"
	◎ 그림책 속 딸기 탐색하고 특징 이해하기
	  ― 딸기 관찰하고 그림책 속 표현과 비교하기
	  (그림책에서 딸기를 표현한 장면과 비교하며 살피기)
	  ― 딸기의 특징 이해하기(더위에 약하다, 쉽게 무른다 등)
	  ― 딸기로 만들 수 있는 요리 생각하기

전개	◎ 초코 딸기 만들기
	  ― 아이들과 함께 초코 딸기 재료 준비하기
	  ― 차가운 딸기에 초코 시럽을 둘러 초코 딸기 만들기
	  ― 초코 시럽이 굳으면 함께 먹고 정리하기

확장	◎ 내가 만든 '초코 딸기' 이름 짓기
	  ― 그림책 속 단어 중 마음에 드는 단어 고르기
	  ― 내가 고른 단어로 초코 딸기에 어울리는 이름 짓기
	  ― 딸기를 소재로 한 다른 그림책 찾아 읽기

달콤한 초코 옷을 입은 딸기

재료 :
딸기 5~6개, 과일용 꼬치 막대기, 카카오 버터 1컵, 카카오 가루 1컵, 아가베 시럽 5테이블스푼(원하는 경우 햄프씨드)

필요한 도구 :
푸드프로세서, 크기가 다른 스테인리스 볼 2개, 주걱용 스패츌러

딸기를 잘 씻어 꼭지를 딴 다음 과일용 꼬치 막대기에 하나씩 끼운다. 딸기는 쉽게 짓무르기 때문에 으깨지지 않게 다뤄야 한다. 막대 사탕 모양의 딸기 꼬치를 그릇에 담아 랩이나 비닐로 살짝 덮어서 냉동실에 15분 정도 얼린다. 그동안 준비한 재료로 초코 시럽을 만든다. 카카오 버터는 카카오나무에서 추출한 식물성 지방으로 카카오 가루와 함께 초콜릿을 만들 때 주로 사용한다. 단, 카페인이 들어 있어서 적당량을 사용해야 하고, 카페인이 없는 대체 재료를 찾는다면 캐롭 가루가 있다.

큰 스테인리스 볼에 뜨거운 물을 담고 그 안에 작은 볼을 띄운 다음 카카오 버터를 넣고 완전히 녹인다. 이렇게 중탕을 하는 이유는 초콜릿이 온도에 굉장히 민감해서 불에 직접 가열할 경우 성질이 변하거나 타 버릴 수 있기

때문이다.

카카오 버터가 충분히 녹았다 싶으면 카카오 가루와 아가베 시럽을 넣고 스패츌러를 사용해 골고루 섞는다. 이때 큰 스테인리스 볼이 뜨거우니 조심하자. 나무젓가락으로 살짝 찍어 맛을 보고 아가베 시럽으로 당도를 조절한다. 초코 시럽이 완성되면 냉동실에 얼려 둔 딸기를 꺼내 초코 시럽에 담구어 묻힌다. 차가워진 딸기에 따뜻한 초코 시럽이 닿으면 순간 표면이 굳으면서 딱딱해진다. 완성된 초코 딸기를 그릇에 담고, 그 위에 영양이 풍부한 식물성 단백질 햄프씨드를 뿌리면 고소한 맛을 느낄 수 있고 모양도 눈이 내린 것처럼 예쁘다.

딸기로 만들 수 있는 다른 요리 _치아씨드 딸기 잼

재료 :
딸기 1컵, 치아씨드 1테이블스푼, 프락토 올리고당 1/2컵

만드는 과정 :
모든 재료를 푸드프로세서에 한 번에 넣고 잼처럼 쫀득해질 때까지 간다. 냉장고에 15분 정도 굳혀서 열탕 소독한 병에 담는다. 보관은 일주일 정도 가능하니 그 안에 먹는 게 좋다.
(열탕 소독은 뜨거운 물로 균을 죽이는 방법이다. 냄비에 물을 담아 유리병을 엎어 놓고 10분 정도 끓인다. 끓일 때 나오는 뜨거운 수증기가 유리병을 소독하는 역할을 한다. 10분 뒤 병을 꺼내고 세워서 자연 건조한다.)

초코 딸기에 나만의 이름 짓기

똑같은 재료와 방법으로 만든 요리라서 비슷해 보여도 아이들은 자기가 만든 건 금방 알아본다. 간혹 헷갈리는 경우가 있어 초코 딸기에 이름 붙이기를 했다. 초코 딸기를 완성하고, 그림책을 한 번 더 보면서 마음에 드는 단어를 골랐다. 글이 아름다워 단어 몇 개  만 고르기가 쉽지 않았다. 아이들이 고른 단어 조각들은 새로운 이름으로 바뀌었다.

'달콤한 빨간 열매', '수없이 빛나는 별', '초록 딸기의 숨소리'라는 이름을 붙이니 세상에 하나뿐인 특별한 초코 딸기가 된다.

수업을 마치고 집에 가서 다시 만들어 보고 싶다는 아이에게 '딸기' 대신 '바나나'로 해도 무척 맛있다고 말해 주었다. 딸기를 좋아하는 아이에겐 딸기의 한살이를 친절하게 보여 주는 『새콤달콤 딸기야』, 딸기 한 알을 어떻게 먹을까 궁리하는 생쥐의 이야기를 담은 『어떻게 먹을까?』, 어느 날 하얀 곰에게 도착한 작은 상자로부터 이야기가 시작되는 『이 세상 최고의 딸기』를 소개했다.

『새콤달콤 딸기야』, 이영득 글, 다호 그림, 비룡소
『어떻게 먹을까?』, 김슬기 지음, 시공주니어
『이 세상 최고의 딸기』, 하야시 기린 글, 쇼노 나오코 그림, 길벗스쿨

『할머니 어디 가요? 쑥 뜯으러 간다!』와 쑥 마카롱

봄 향기 풀풀 나는 쑥

『할머니 어디 가요? 쑥 뜯으러 간다!』, 조혜란 지음, 보리

보리 출판사의 '옥이네 봄 여름 가을 겨울 이야기'를 읽다 보면, 엉덩이가 들썩거린다. 옥이와 씩씩한 옥이 할머니를 따라 산으로, 들로, 바다로 가서 앵두도 따고, 굴도 캐고, 밤도 줍고 싶다. 하지만 옥이네처럼 봄에 돋아나는 쑥을 볼 수 있는 기회가 없는 아이들이 많다. 직접 캘 수 없는 아쉬움을 달래려고 봄의 쑥 향기가 나는 책으로 『할머니 어디 가요? 쑥 뜯으러 간다!』를 골랐다.

수업 전 쑥을 담은 천 주머니를 곳곳에 숨겨 놓고, 한 사람당 하나씩 찾는 '쑥 보물찾기'를 했다. 쑥 주머니를 발견한 아이들은 보들보들한 쑥을 꺼내 손으로 비벼 만지고, 향도 맡고, 살짝 맛도 보았다. 생전 처음 쑥을 보는 아이도 있었고, 마트에서 깨끗하게 세척된 쑥만 떠올렸던 아이는 흙 묻은 쑥을 보고 놀라기도 했다. 쑥 주머니를 모두 찾은 다음 둥글게 둘러앉아 옛날이야기 들려주듯이 옥이와 옥이 할머니의 이야기를 읽어 주었다.

『할머니 어디 가요? 쑥 뜯으러 간다!』는 옥이가 할머니와 쑥을 캐서 쑥개떡을 만들어 장에 가서 팔고, 집에 돌아오는 하루를 실감 나게 그려내고 있다. 그래서 다 읽고 나면 옥이와 꼬박 같이 지내다 온 기분이다. 아이들에게 옥이가 되어 일기를 써 보라고 했다. 엄마와 쑥을 캐 본 적이 있다는 아이는 자신의 경험이 떠오르는지 옥이의 하루 일과 중 할머니와 쑥을 캔 일을 중심으로 일기를 써 나갔다.

> 나는 할머니와 논밭에 가서 쑥을 땄다. 할머니는 쑥을 캤고, 나는 민들레 씨를 뿌리면서 놀았다. 아주 재미있었다. 쑥을 캐러 가는 길에 순이 언니, 정심이 언니도 만났다. 논밭은 정말 재미있다. 쑥개떡도 아주 맛있었다. 할머니는 정말 쑥을 잘 캐는 것 같았다. 다음에 또 쑥을 캐고 싶다.

일기를 쓰고 나니 아이들은 이야기를 더 가깝게 받아들였다. 아이들에게 옥이와 할머니가 쑥으로 쫀득쫀득한 쑥개떡을 만든 것처럼 우리도 뭘 만들 수 있을까 물었다. 그림책에 나온 쑥개떡이나 쑥전, 쑥버무리, 쑥 된장국은 모두 불을 써야 하는 음식이다. 그래서 불을 쓰지 않고도 쑥으로 만들 수 있는 로푸드 '쑥 마카롱'을 만들기로 했다. 원래 마카롱은 달걀 흰자와 설탕으로 만든 동그란 커버(혹은 꼬끼)를 오븐에 굽고 두 개의 커버 사이에 여러 가지 맛의 필링 크림을 넣어 완성하는데 생식으로 만들 수도 있다.

깨끗한 생 쑥으로 만든 쑥 가루, 코코넛 가루, 물을 푸드프로세서에 넣은 후, 찰기가 생길 정도로 갈면 마카롱 커버 반죽이 완성된다.

마카롱 틀 혹은 랩을 씌운 숟가락을 이용해 꾹꾹 눌러 커버를 만든 다음 식품 건조기에 말리면 그냥 먹을 수도 있는 커버가 완성된다. 커버 사이에 대추야자와 아가베 시럽을 섞어 만든 크림을 채우면 쑥 마카롱 완성이다. 일반적인 마카롱은 부드러운 크림에 꾸덕한 식감이 느껴지는 달콤한 맛이지만 로푸드 쑥 마카롱은 코코넛 가루의 알갱이가 씹히는 게 특징이다. 일반 마카롱과 맛이 달라 아이들이 좋아하지 않으면 어떡하나 걱정했는데 은은한 쑥 향과 대추야자 크림 맛에 반해 남김없이 다 먹었다.

쑥 마카롱을 만든 후 다시 그림책을 읽었다. 마지막 장면에서 시장에서 돌아온 옥이는 쑥개떡 판 돈이 담긴 꿀병을 보며 할머니에게 "이거 다 채우면 뭐 할 거예요?"라고 묻는다. 아이들에게 "할머니가 이 돈으로 뭐 하시려고 그럴까?" 되물으니 "옥이 필요한 거 사 줄 것 같아요.", "시장에서 붕어빵 사요."라며 빨리 답을 알려 달라고 재촉했다. 조르는 아이들의 모습이 귀여워서 "궁금하면 집에 돌아가 뒷이야기를 읽어 보세요." 하고 수업을 마무리했다. 이 책에는 쑥 이외에 엄나무 순과 고사리를 따고 요리해서 파는 이야기도 나오고 마지막에 할머니가 아이들에게 비눗방울을 선물하는 것으로 이야기가 마무리된다. 집에 돌아간 아이들이 과연 뒷이야기를 읽을지, 쑥 마카롱을 누구와 함께 먹을지 문득 궁금해진다.

그림책과 함께 하는 요리 수업

과정	질문과 활동
탐색	◎ 쑥 보물찾기 　— 쑥이 담긴 주머니 숨기고 찾기 ◎ 쑥 직접 만지며 탐색하고 이야기 나누기 　"쑥을 만져 보면 느낌이 어떤가요?" 　"쑥 향기와 맛은 어떤가요?" ◎ 그림책 보고, 이야기 나누기 　"옥이와 옥이 할머니의 하루 일과는 어땠나요?" 　"가장 기억에 남는 일은 무엇인가요?" ◎ 그림책 속 '옥이'가 되어 일기 쓰기 　— 인상 깊은 일과 자신의 경험, 생각 연결하기 　— '옥이의 일기' 쓰기
전개	◎ 쑥 마카롱 만들기 　— 아이들과 함께 쑥 마카롱 재료 준비하기 　— 마카롱 커버를 만들고 크림을 채워서 완성하기 　— 일반 마카롱 맛과 비교하고 정리하기
확장	◎ 연꽃 기법으로 '옥이의 일기' 쓰기 　— 연꽃 기법 글쓰기 이해하기 　— 연꽃 기법 글쓰기 연습하기 　— 옥이네 다른 시리즈 살펴보며 일기 글감 찾기

동글땡글 쑥 향기 가득한 로푸드 마카롱

재료 :
쑥 가루 1테이블스푼, 코코넛 가루 1컵, 아가베 시럽 3테이블스푼, 물 1테이블스푼, 치아씨드 딸기 잼이나 대추야자 잼 1컵

필요한 도구 :
푸드프로세서, 식품 건조기, 종이 호일, 마카롱 커버 틀(숟가락 이용 가능)

쑥 마카롱을 만들 때 필요한 쑥 가루는 시중해서 파는 것을 구입하거나 말린 쑥을 푸드프로세서로 갈아 만들 수 있다. 코코넛 가루는 로푸드에서 자주 사용하는데 코코넛 열매 안쪽 하얀 과육을 말려서 간 것으로 고소하고 단맛이 난다. 준비한 쑥 가루와 코코넛 가루를 푸드프로세서에 넣고 잘 섞이게 간 다음, 아가베 시럽과 물을 넣고 다시 간다. 중간에 잠시 멈추고, 손으로 만졌을 때 반죽이 동글동글 뭉쳐지는지 확인한다. 찰기가 없으면 물을 조금씩 넣으며 반죽을 만든다.

마카롱 반죽이 완성되면 마카롱 커버를 만들 차례다. 마카롱 커버 틀이 있다면 틀에 반죽을 눌러 담아 떼어내면 동그란 마카롱 커버가 만들어진다. 만약 틀이 없다면 오목한 숟가락에 랩을 씌워 마카롱 반죽을 숟가락에 꾹

꾹 눌러 담은 뒤 종이 호일을 깐 건조기 선반 위에 뒤집어 올린다. 식품 건조기를 45도로 맞추고 8~9시간 동안 건조시킨다. 45도 정도로 해야 효소가 파괴되지 않고 재료 본연의 영양소를 살릴 수 있다. 건조된 마카롱 커버에 치아씨드 딸기 잼 또는 대추야자 잼(대추야자와 아가베 시럽을 같이 넣고 갈아 만든 잼)을 바르고 다른 마카롱 커버를 덮으면 로푸드 쑥 마카롱이 된다.

쑥으로 만들 수 있는 다른 요리 _쑥 에너지 볼

재료 :
쑥 가루 2테이블스푼, 아몬드 1컵, 아가베 시럽 3테이블스푼

만드는 과정 :
모든 재료를 푸드프로세서에 한 번에 넣고 반죽이 될 때까지 간다. 질감은 손으로 동그랗게 만들었을 때 으깨지지 않을 정도면 된다. 반죽이 완성되면 한입 크기의 작은 공 모양으로 만들어 냉동실에 10분 정도 굳힌다.
(단맛은 아가베 시럽으로 조절한다. 반죽이 묽으면 쑥 가루나 아몬드를 좀 더 넣고 반죽이 뻑뻑하면 물을 조금씩 넣으면서 조절한다.)

연꽃 기법으로 '옥이의 일기' 쓰기

옥이의 하루를 주제로 일기를 쓸 때, 어떻게 써야 하나 난감해하는 아이들을 위해 다양한 생각을 끌어내고 정리하는 글쓰기 방법인 '연꽃 기법'을 알려 주었다. 먼저 하얀 종이에 아래처럼 가로세로 3칸씩 만들고, 가운데에는 '옥이의 하루'라는 제목을 쓴다. 제목 바로 위 칸을 1번으로 해서 시계 방향으로 옥이의 일과를 8개의 문장으로 정리한다.

8. 옥이는 꿀병에 돈을 담고 잠이 든다.	1. 할머니가 옥이 머리카락을 잘라 버리는 바람에 옥이는 슬퍼서 잠이 든다.	2. 옥이는 할머니가 준 쑥개떡을 먹는다
7. 붕어빵을 사면 쑥개떡도 살 수 있다.	옥이의 하루	3. 할머니와 함께 쑥을 딴다.
6. 쑥개떡을 팔 데가 없어서 붕어빵 아저씨와 같이 판다.	5. 할머니와 옥이는 쑥개떡을 팔러 시장에 간다.	4. 할머니는 쑥개떡을 만든다.

8개의 문장 중에서 자신이 일기로 쓰고 싶은, 가장 인상 깊은 일을 고른 다음 해당 장면을 다시 살펴본다. 그림책을 여러 번 읽으면서 일기를 완성한다. 더 쓰고 싶다는 아이에게는 옥이네 여름, 가을, 겨울 시리즈를 추천했다.

『할머니 어디 가요? 앵두 따러 간다!』, 조혜란 지음, 보리
『할머니 어디 가요? 밤 주우러 간다!』, 조혜란 지음, 보리
『할머니 어디 가요? 굴 캐러 간다!』, 조혜란 지음, 보리

『세상의 많고 많은 초록들』과 케일 칩

초록빛을 가득 품은 케일

『세상의 많고 많은 초록들』, 로라 바카로 시거 지음, 다산기획

칼데콧 상을 두 번이나 수상한 로라 바카로 시거 작가를 구멍이 숭숭 뚫린 독특한 그림책 『무엇이 먼저일까?』로 처음 만났다. 그리고 『세상의 많고 많은 초록들』을 보고는 그녀의 그림책에 푹 빠져 버렸다. 그림책을 표현하는 방식 중 하나인 쇠로 만든 모양 틀을 눌러 구멍을 뚫는 다이컷(die-cut) 기법이 돋보이는 작품이었다. 로라 바카로 시거의 그림책은 유독 다음 장을 궁금하게 만드는 매력이 있었다.

아이들에게 『세상의 많고 많은 초록들』을 보기 전 『무엇이 먼저일까?』를 보여 주었다. 두 권을 보고 비슷한 점을 물어보니 종이에 난 구멍에 손가락을 집어넣으며 "여기 구멍 뚫렸어요." 외친다. 혹시 책이 망가진 게 아니냐며 걱정하는 아이를 다독이고, 어디까지 구멍이 뚫렸을까 궁금해하며 계속 책장을 넘겼다. 초록 나비였던 앞장의 구멍이 뒷장에서는 보랏빛 꽃잎이 되며 이야기는 전개된다. 세상의 다양한 초록에 대한 이야기지만 초록과 보색인 빨간색을 적절하게 활용해 지루함을 덜고, 초록색을 통해 작가가 말하려는 생명의 역동성을 선명하게 드러내고 있다.

그림책을 덮고 다양한 빛깔의 과일과 채소를 담은 상자를 펼쳤다. 책에 나온 초록들을 떠올리며 초록색 과일과 채소를 고르게 했다. 아이들은 익숙한 오이, 상추, 브로콜리, 애호박을 선택했다. 내가 케일을 꺼내자 의외의 재료에 아이들은 사뭇 놀란 표정이었다. 케일을 한 번도 먹어 본 적이 없다는 아이에게 케일을 내밀었더니 손으로 조금 뜯어 먹고는 풀 같다며 얼굴을 찡그렸다. 아직 실망하지 말라고 위로하며 케일에 대해 설명했다. 케일은 쌈을 싸 먹는 쌈용과 주스나 즙을 낼 때 쓰는 즙용 케일이 있다. 즙용 케일은 쌈용 케일보다 잎이 두껍고 커다란 부채만큼 넓적해서 8절지만큼 크다. 이번 수업에서는 즙용 케일을 선택했는데, 먼저 케일을 도화지 삼아 구멍을 뚫어 하나의 그림을 완성해 보자고 했다. 그런 다음 다시 『세상의 많고 많은 초록들』을 펼쳤다. 자세히 살펴본 구멍은 작가가 이야기의 흐름과 그림을 생각하며 정교하게 뚫어 놓은, 이야기를 품은 구멍이었다.

"작가는 왜 그림에 구멍을 뚫었을까?"

"뭔가 강조하고 싶어서 그런 것 같은데요. 그림책 보면 호랑이 눈이나 전등 이런 중요한 곳에 구멍을 뚫었잖아요."

꽤 오래 고민하던 아이는 다른 이야기를 꺼냈다.

"작가가 다르게 표현하고 싶어서 그런 것 같아요. 다른 책들은 구멍이 안 뚫렸잖아요. 구멍으로 뭔가 말을 하고 싶어서요."

아이들의 말처럼 작가는 자신이 하고 싶은 이야기를 가장 잘 전달할 수 있는 방법을 무수히 고민하며 표현 방식을 선택한다. 로라 바카로 시거가 아이의 말을 들었다면 자신의 마음을 알아준 독자를 만났다며 무척 반가워하지 않을까?

아이들은 케일을 자르고 뚫고 그리면서 각자의 작품을 완성했다. 그러고 나서 케일 칩 만들기를 시작했다. 케일은 독소를 빼 주고 섬유소가 많아 변비에도 좋지만, 생으로 먹기에는 씁쓸한 맛이 강하다. 건강에 좋은 케일을 아이들이 맛있게 먹을 수 있도록 달콤한 케일 칩을 준비했다. 만드는 법은 간단하다.

케일을 먹기 좋은 크기로 잘라, 종이에 풀을 바르듯 도구를 이용해 케일에 아가베 시럽을 쓱쓱 묻힌다. 그런 다음 하얀 코코넛 가루를 살살 뿌려 식품 건조기에 넣고, 12시간 정도 말리면 완성이다.

수업 시간에는 전날 건조해 둔 케일 칩을 꺼냈다. 얼굴만 한 케일이 아기 손바닥처럼 작아졌다. 완성된 케일 칩은 그림책 속 눈 쌓인 초록 잔디밭, 혹은 얼룩말의 아침 식사인 초록 풀을 떠올리게 했다. 게다가 코코넛 향이 은은하게 밴 케일 칩은 의외로 달고 고소했다. 씹으면 과자처럼 바사삭 소리가 났다. 코코넛 특유의 향이 낯선 아이는 한 번 맛보고는 입을 꾹 다물었고, 태어나서 케일을 처음 먹어 본다는 아이는 자꾸 손이 간다더니 한 봉지를 다 비웠다. 몸과 마음 모두에 초록 물이 곱게 들어 푸르러진 기분이었다.

그림책과 함께 하는 요리 수업

과정	질문과 활동
탐색	◎ 작가의 다른 그림책 읽고, 이야기 나누기 — 『무엇이 먼저일까?』 먼저 읽고 이야기 나누기 — 『세상의 많고 많은 초록들』 읽기 "작가의 다른 작품과 어떤 공통점이 있을까요?" "작가는 왜 책에 구멍을 뚫었을까요?" "그림책에는 어떤 초록들이 나왔나요?" ◎ 초록 잎 채소 케일 탐색 및 맛보기 — 상자에서 초록색의 과일과 채소 찾기 — 쌈용 케일과 즙용 케일 비교하고 맛보기 ◎ 케일에 구멍을 뚫어 작품 만들기 — 다이컷 기법 알려 주기 — 다이컷 기법으로 책을 만든 이유 생각하고 이야기 나누기 — 케일에 구멍 뚫어 작품 만들기
전개	◎ 케일 칩 만들기 — 케일 칩 재료 살펴보기 — 케일, 아가베 시럽, 코코넛 가루를 이용해 케일 칩 만들기 — 미리 준비한 완성 요리 먹고 정리하기
확장	◎ 케일 작품 전시회 열기 — 자신의 케일 작품 소개하기 — 서로의 케일 작품 감상하기 — 다이컷 기법을 활용한 다른 그림책 찾아 읽기

봄날의 초록을 품은 바삭한 케일 칩

재료 :
즙용 케일 5장, 코코넛 가루 1/2컵, 아가베 시럽 3테이블스푼, 물 3테이블스푼

필요한 도구 :
식품 건조기, 유산지 또는 테프론시트, 주걱용 스패츌러, 비닐장갑

케일의 딱딱한 줄기 부분은 잘라내고, 잎 부분만 먹기 좋게 썰어 둔다. 아가베 시럽과 물을 같은 비율로 섞어 다듬어 놓은 케일 앞뒤에 바른다. 스패츌러와 같은 주걱이나 참기름 바를 때 쓰는 김밥 솔을 사용하면 편리하다. 설탕 대신 사용하는 아가베 시럽은 멕시코의 아가베 선인장 밑둥에서 추출한 즙을 가공한 과당이다. 찬물에도 잘 녹고 맛이 강하지 않고 담백하다. 가능한 정제하지 않은 로우 아가베 시럽을 사용하고, 천연 감미료라고 해도 과당이므로 적당히 넣는 게 좋다.

케일 표면에 시럽을 골고루 다 발랐으면 튀김가루를 묻히듯 코코넛 가루를 묻힌다. 그 사이 식품 건조기 온도를 45도로 맞춰 두고, 건조기 선반 위에 유산지나 테프론시트를 깔아 둔다. 유산지나 테프론시트는 빵이나 쿠키

를 구울 때 팬이나 틀에 까는 용도이다. 유산지는 일회용이고, 테프론시트는 실리콘 재질의 반영구적 소재인데, 둘 다 내용물이 틀에 달라붙거나 표면이 딱딱해지는 걸 막아 준다.

케일이 서로 겹치지 않게 놓은 다음 12시간 정도 바싹 건조시키면 바삭하고 달콤한 케일 칩이 완성된다. 케일 칩은 상온에 오래 두면 눅눅해지니 냉동 보관하는 게 좋다.

케일로 만들 수 있는 다른 요리 _케일 쌈

재료 :
즙용 케일 3장, 양배추 1통, 잘 익은 아보카도 1개, 당근 1개, 파프리카 1개, 파인애플 1/2통, 오이 1개, 후추 1/2티스푼, 레몬즙 1티스푼

만드는 과정 :
즙용 케일에서 줄기 부분은 떼어내고 남은 잎을 넓적하게 잘라 평평하게 펼친다. 아보카도는 잘게 썰어 후추와 레몬즙을 뿌려 놓고, 양배추는 푸드프로세서로 갈아 준비한다. 다른 과일과 채소는 가늘게 채 썬다. 케일 위에 간 양배추를 올리고, 아보카도와 채 썬 재료를 올리고 돌돌 말면 신선한 케일 쌈이 된다. 시간이 지나면 과일과 채소에서 물기가 생기니 바로 먹어야 아삭하고 맛있다.

케일 도화지 작품 전시회

8절지만 한 케일 잎을 도화지 삼아서 작품을 만들어 전시하기로 했다. 아이들은 펀치와 송곳, 가위, 칼 등을 이용해 구멍을 뚫고, 매직펜으로 그림을 그리며 자신만의 작품을 완성했다. 한 아이의 케일은 구멍이 송송 뚫려 벌들이 사는 벌집이 되었  고, 다른 아이의 케일은 초록 비늘이 반짝거리는 물고기가 되었다. 나는 주스가 될 운명을 예감하고 눈물을 흘리는 작품에 '케일의 눈물'이라는 제목을 붙였다.

아이들이 완성한 케일 작품을 햇빛이 잘 드는 창가 혹은 나무 도마, 테이블 위에 올려두고 작은 전시회를 열었다. 작가가 작품에 구멍을 뚫은 의미를 상상하며, 똑같은 표현 기법을 사용했어도 하고 싶은 말은 다를 수 있음을 발견하기를, 자신만의 이야기와 이야기를 담을 그릇도 떠올려보기를 바랐다. 마무리로 다이컷 기법을 볼 수 있는 로라 바카로 시거의 다른 책 『세상의 많고 많은 파랑』과 아이들과 동물이 함께하는 『다 같이 함께하면』, 낡은 오버코트 한 벌이 단추가 되는 『요셉의 작고 낡은 오버코트가…?』를 권했다.

『세상의 많고 많은 파랑』, 로라 바카로 시거 지음, 다산기획
『다 같이 함께하면』, 브리타 테큰트럽 지음, 미디어창비
『요셉의 작고 낡은 오버코트가…?』, 심스 태백 지음, 베틀북

『할머니가 물려주신 요리책』과 키위 과실편

쫀득쫀득 새콤달콤한 키위

『할머니가 물려주신 요리책』,
이야기 할머니 김숙년, 김익선 글, 김효순 그림, 장영

전통요리 연구가 김숙년 할머니의 이야기를 글과 그림으로 풀어낸 『할머니가 물려주신 요리책』을 선택한 건 아이가 보낸 한 통의 문자 때문이었다.

"선생님, 오늘 배운 요리 집에서 해 보려는데 잘 모르겠어요. 레시피 좀 알려주실 수 있으세요?"

누구나 그런 경험이 한 번쯤은 있지 않을까? '기억'은 사진이나 영상, 메모라는 '기록'의 과정을 거치면서 구체적인 형태를 갖는다. 요리도 마찬가지였다. 먹고 나면 사라지는 음식의 맛을 기억하기 위한 노력의 흔적이 바로 '요리책'이다.

『할머니가 물려주신 요리책』은 집안에서 오랫동안 전해 내려온 전통요리법을 할머니가 다음 세대의 아이들에게 들려주는 형식이다. 민화풍 소재와 전통채색화의 색감이 이야기의 재미를 더한다. 아이들과 찬찬히 할머니의 이야기를 따라 봄날의 진달래 화전, 여름의 수박 화채, 가을의 송편과 겨울의 만두를 살펴보았다. 매작과나 호박 꽃탕처럼 생소한 음식은 신기했고, 떡볶이와 잡채처럼 익숙한

음식이 나오면 괜히 반가웠다. 하나의 계절이 끝날 때마다 요리할 때 쓰는 할머니의 조리도구, 양념을 보는 재미도 쏠쏠하다. 마지막 장에는 재료와 요리법이 한눈에 정리되어 있다.

아이들에게 만들고 싶은 요리가 있는지 물었다.

"정말 느티나무 잎을 따다가 떡을 만들 수 있어요? 느티떡 맛이 궁금해요."

"구절판이요. 월남쌈이랑 비슷해서 맛있을 것 같아요."

이야기를 나누고 할머니가 왜 재료와 요리법이 적힌 요리책을 물려주고 싶었을까 물었다.

"할머니가 돌아가신 후에도 옛날 음식을 만들 수 있어야 하니까요."

"요즘 햄버거나 피자 먹는 게 익숙해서 이런 거 안 먹으니까 전통 음식을 모르는 아이들에게 알려주고 싶어서요."

할머니의 요리책은 아이들 말처럼 남겨진 사람들을 위해서 기록된 게 아닐까 생각하며 각자 요리책을 써 보기로 했다. 첫 장은 바로 '키위 과실편'이다.

그림책에 등장하는 과실편은 앵두, 포도, 살구와 같은 과일을 푹 끓여 체로 건져낸 즙에 설탕과 소금, 녹말 물을 넣어 약한 불에서 졸여 굳힌 다음 묵처럼 썰어 먹는 옛날의 여름 간식이다. 우리가 만들 키위 과실편은 만드는 방법이 좀 다르다. 물을 넣지 않고 과일만 믹서기에 갈아 즙을 내어 종이 호일 위에 전을 부치듯 얇게 펼쳐 식품 건조기 혹은 햇볕에 말린다. 물기가 없는 과일이 잘 마르기 때문에 딸기나 키위, 바나나가 좋다. 수분이 날아가면서 맛과 색은 더욱 진해지고 식감은 쫀득한 젤리처럼 변한다. 만드는 과정을 설명하고 나서 보송보송 수염 난 키위를 바구니에서 꺼냈다. 갈색 털로 덮인 과일 모습이 뉴질랜드에 사는 키위 새와 비슷해서 '키위'라는 이름이 붙었다는 이야기도 해 주었다. 키위를 잘 씻어 반으로 잘랐다. 그리고 키위 과육을 숟가락으로 파내 믹서기에 돌리니 걸쭉한 즙이 완성되었다. 각자 원하는 모양으로 과실편을 만들어 식품 건조기에 넣어 두고 전날 만들어 둔 과실편을 꺼냈다.

잘 마른 키위 과실편을 입에 넣으니 달콤한 키위 향이 입안에 퍼졌다. 아이들도 오물오물 맛있게 먹었다. 냉장고에 넣어 두면 시원하게 즐길 수 있다. 가위로 잘라 바로 먹을 수도 있고 넓고 평평한 과실편 위에 잘게 썬 키위를 올려 김밥처럼 돌돌 말면 모양도 예쁜 키위 김밥 젤리가 된다. 테이프 젤리처럼 손가락으로 둘둘 말아 먹는 아이도 있고, 까나페처럼 과자 위에 과실편과 과일을 올려 상을 차린 아이도 있었다. 아이들의 손길에 따라 과실편은 무한 변신 중이었다. 요리법을 책으로 남긴 할머니도 언젠가 참 잘했다고 느낄 흐뭇한 풍경이었다.

그림책과 함께 하는 요리 수업

과정	질문과 활동
탐색	◎ 친구의 경험담 듣고 이야기 나누기 "집에서 요리를 하려고 했을 때 요리법이 생각나지 않으면 어떻게 해야 할까요?" ◎ 그림책 보고, 이야기 나누기 "요리책에는 어떤 내용이 들어 있나요?" "『할머니가 물려주신 요리책』에 나오는 음식 중 만들어 보고 싶은 것은 무엇인가요?" "왜 할머니는 요리책을 만들었을까?" — 질문에 대해 돌아가며 서로의 생각을 듣고, 말하기
전개	◎ 새콤달콤한 키위 과실편 만들기 — 아이들과 함께 키위 탐색하기 — 키위 과실편 만들기 — 완성된 과실편을 활용하여 다양한 요리 만들기 (키위 김밥 젤리, 키위 까나페, 테이프 젤리 등) — 키위 과실편 맛보고, 정리하기
확장	◎ 나만의 요리책 만들기 — 다양한 방식으로 레시피 표현하기 — 레시피가 실린 다른 그림책 살펴보기

할머니의 비법을 기억하며 만드는 키위 과실편

재료 :
키위 5개(바나나, 홍시, 딸기도 가능), 아가베 시럽(필요한 경우)

필요한 도구 :
푸드프로세서(혹은 믹서기), 식품 건조기, 유산지 또는 테프론시트

잘 익어 말랑말랑한 키위를 반으로 잘라 숟가락으로 과육을 파낸 다음 푸드프로세서 혹은 믹서기에 넣고 곱게 간다. 키위가 갈리면서 즙이 나오기 때문에 물은 넣지 않는다. 갈린 키위는 물보다 점성이 있고, 농도가 진하다. 맛을 보고 너무 새콤하면 아가베 시럽을 넣는다.

유산지나 테프론시트 위에 잘 갈린 키위를 국자나 숟가락으로 떠서 얇게 편다. 부침개를 부치듯이 펴는데 모양은 동그란 빈대떡 혹은 김처럼 사각 모양으로 만든다. 아이들에게는 각자 숟가락을 이용해 한입 크기로 뜨라고 했다. 그런 다음 식품 건조기 온도를 45도로 맞추고, 12시간 동안 건조한다.

완성된 키위 과실편은 가위로 길게 잘라서 젤리처럼 먹는데 씹을수록 키위

향이 진하게 느껴진다. 식품 건조기를 사용해 만든 요리는 오래 보관할 수 있으니 남은 과실편은 밀폐 용기에 담아 냉동실에 보관한다.

키위로 만들 수 있는 다른 요리 _키위 샐러드 드레싱

재료 :
키위 1개, 사과 1/2개, 양파 1/4조각, 레몬즙 1티스푼, 소금 약간

만드는 과정 :
모든 재료를 푸드프로세서나 믹서기에 한 번에 넣고 갈면 키위 샐러드 드레싱이 된다. 요리법이 간단해서 금방 만들 수 있다. 시간이 지나면 색이 변하니 각종 채소와 과일 샐러드에 소스처럼 버무리거나 곁들여 바로 먹는 게 좋다.

나만의 요리책 만들기

키위 과실편 재료와 요리 과정을 정리해서 각자 요리책을 만들었다. 어떤 아이는 엄마가 요리는 감이라고 했다며 레시피에 '키위를 갈아 건조기에 말린다' 한 문장만 쓰고 "끝났어요!"를 외치는가 하면 한 아이는 '키위 2개를 깨끗이 씻어 도마에 올린 후, 칼을 이용해 반으로 썰고, 안쪽의 키위 살을 파낸
다'라는 문장을 몇 번이고 고민했다. 그림으로 그리거나 휴대폰으로 찍은 사진을 인쇄해서 책에 붙인 아이도 있다.

아이들이 완성한 요리책을 보면 개성이 드러난다. 어떤 형태이든 요리의 처음부터 끝을 자신만의 언어로 기록한다는 것에 의미가 있다. 직접 쓰는 게 어려운 유아들은 요리 과정을 그림이나 사진으로 준비한 다음 순서에 맞게 연결하는 활동을 할 수 있다. 요리에 관심 있는 아이들에게, 또래 친구들의 요리 과정을 볼 수 있는 『고사리손 요리책』, 웬만한 이탈리아 요리 하나쯤 만들어 낼 수 있는 『아이와 함께하는 실버 스푼』, 첫 표지부터 호기심을 불러일으키는 달걀에 대한 모든 것이 담겨 있는 『Egg Book』(달걀책)을 소개해 주었다.

『고사리손 요리책』, 배영희 글, 정유정 그림, 길벗어린이
『아이와 함께하는 실버 스푼』, 파이돈 프레스 지음, 세미콜론
『Egg Book』, 다랑 지음, 독립출판물

그림책과 함께 하는 봄 요리

『난 토마토 절대 안 먹어』와 토마토케첩

'토마토' 하면 가장 먼저 떠오르는 그림책이다. 로렌 차일드의 『난 토마토 절대 안 먹어』는 채소를 싫어하는 동생 로라를 위한 오빠의 재치가 돋보이는 그림책이다. 오빠 찰리는 로라가 싫어하는 음식에 기발한 이름을 붙여 맛을 보게 한다. 제법 큰 아이에게도 이 방법이 통할지는 모르지만 그림책을 읽고, 아이들과 싫어하는 채소를 피하는 법과 먹게 하는 비법을 이야기해 볼 수 있다. 직접 토마토케첩을 만들어 볼 수도 있는데, 요리법이 쉽고, 맛도 진하다. 신선한 케첩에 구워낸 감자를 곁들이면 이보다 더 좋을 수 없다.

『난 토마토 절대 안 먹어』
로렌 차일드 지음, 국민서관

토마토케첩

재료 : 잘게 썬 방울토마토 1컵, 토마토 가루 1/3컵, 바질 1티스푼, 대추야자 3~5개
만드는 과정 : 모든 재료를 푸드프로세서에 한 번에 넣고, 토마토의 물기가 줄어들며 끈적한 질감의 소스 느낌이 날 때까지 곱게 간다. 만약 토마토가 수분이 많으면 토마토 가루를 조금씩 더 넣는다. 완성된 토마토케첩은 열탕 소독한 병에 보관하고, 개봉 후에는 1주일 이내에 먹는다.

『콩도 먹어야지!』와 완두콩 마요네즈

세상에 '콩'을 좋아하는 아이가 있을까? 콩만 골라서 빼는 아이는 봤지만 콩을 골라 먹는 아이는 흔하지 않다. 『콩도 먹어야지!』의 주인공 데이지도 하얀 접시 위에 놓인 연녹색 완두콩은 절대 먹지 않는다. 완두콩을 먹으면 엄마가 아이스크림을 20개나 주고, 숙제도 안 해도 된다는데 데이지는 고개를 젓는다. 데이지의 마지막 선택이 궁금하다면 『콩도 먹어야지!』를 읽고 완두콩을 맛있게 먹을 수 있는 요리를 해 보길 권한다. 완두콩을 이용해 마요네즈를 만들면 아이들도 거부감 없이 잘 먹는다.

『콩도 먹어야지!』
케시 그레이 글, 닉 샤렛 그림, 럭스미디어

완두콩 마요네즈

재료 : 완두콩 1컵, 올리브유 또는 포도씨유 2티스푼, 아가베 시럽 3티스푼, 레몬즙 2티스푼, 소금 약간

만드는 과정 : 10시간 정도 물에 충분히 불려 놓은 생완두콩을 다른 재료와 푸드프로세서에 모두 넣고 마요네즈와 같은 질감이 날 때까지 곱게 간다. 부드러운 맛을 원하거나 생완두콩을 소화하기 어려운 경우 삶은 완두콩을 사용해도 좋다.

『산딸기 크림봉봉』과 산딸기 크림

『산딸기 크림봉봉』은 오랫동안 사랑받는 디저트 산딸기 크림봉봉에 관한 그림책이다. '디저트'를 소재로 시대에 따라 변하는 성 역할, 인종 문제, 기계의 발전을 그려내고 있다. 아이들과 오랜 시간이 흘러도 변하는 것과 변하지 않는 것을 이야기하고, 산딸기 크림을 만들었다. 300년이 넘게 비법이 이어진 이유를 알 수 있을 만큼 맛있었다. 남은 산딸기로 작가처럼 즙을 내어 얇은 종이에 그림을 그리고, 그림책 면지의 색깔과 비교해 보는 활동도 재미있다.

『산딸기 크림봉봉』
에밀리 젠킨스 글, 소피 블랙올 그림, 씨드북

산딸기 크림

재료: 산딸기 또는 냉동 라즈베리 1컵, 코코넛 크림 1캔, 아가베 시럽 3티스푼

만드는 과정: 준비한 재료를 푸드프로세서나 믹서기에 한 번에 넣고 곱게 갈면 산딸기즙을 따로 내지 않고 쉽게 산딸기 크림을 만들 수 있다. 카스테라처럼 부드러운 빵을 으깨 종이컵 바닥에 깔고 그 위에 산딸기 크림을 부어 냉동실에서 살짝 굳히면 맛있는 산딸기 크림 컵케이크가 된다. 코코넛 크림은 온도에 민감해서 상온에 두면 금방 녹아 버려서 최소 3시간은 냉장 보관을 해야 생크림처럼 사용할 수 있다.

『맛있는 어린이 인문학 12: 바나나』와 바나나 들깨 전병

바나나는 로푸드 요리에서 인기 재료이다. 초콜릿과 잘 어울리고, 스무디에서는 아이들이 좋아하는 단맛을 담당한다. 요즘에는 우리나라에서도 바나나를 재배하지만 아직까지 바나나는 대부분 수입한다.

열대 과일 바나나는 어떻게 우리에게 오게 되었을까? 바나나에 숨겨진 이야기를 아이들과 읽고 나면 무심코 먹던 바나나가 다르게 보인다. 바나나가 우리에게 오기까지 과정을 그림으로 정리하고 함께 이야기를 나눈 뒤 바나나 들깨 전병을 만들었다. 고소하고 달콤한 향이 부엌을 가득 채웠다.

『맛있는 어린이 인문학 12: 바나나』
안느 클레르 레베크 글, 니콜라 구니 그림, 내인생의책

바나나 들깨 전병

재료 : 잘 익은 바나나 2개, 들깨 1/2컵

만드는 과정 : 바나나를 잘라 푸드프로세서에 넣어 완전히 으깨질 때까지 간다. 여기에 준비한 들깨를 넣어 잘 섞이도록 한 번 더 갈아 준다. 식품 건조기에 종이 호일을 깔고 숟가락을 이용해 밀전병 만들 듯이 넓게 펴고 45도에서 7시간 건조시킨다. 더 고소하게 즐기고 싶다면 들깨의 양을 늘린다. 만약 냉동 바나나를 쓸 경우 충분히 녹여서 사용한다.

여름날의 그림책 테이블

봄이 지나고 과일의 계절 여름이 왔다. 더위에 지친 사람들을 위로하기라도 하듯이 까만 씨가 송송 박힌 수박, 노란 참외, 간질간질 향긋한 복숭아, 발그레한 앵두, 보랏빛 포도가 우리의 입을 즐겁게 한다.

『수박 수영장』을 보며 머릿속으로 상상한 수박 수영장 속으로 풍덩 뛰어들고, 입으로는 시원한 수박 요리를 즐겼다. 또 잘 익은 복숭아로 『린 할머니의 복숭아나무』에 나오는 차를 우려 마시고 잠시 린 할머니의 풍성한 마음을 닮으려 애썼다. 『아이스크림이 꽁꽁』의 야옹이들과는 여름날에 빼놓을 수 없는 아이스크림을 만들었다. 아이스크림도 만들 수 있다는 걸 그림책 속 말썽쟁이 야옹이들 덕분에 알았다. 마지막으로 『눈물바다』를 읽고 뜨거운 태양과 쏟아지는 비를 맞고 찾아온 싱그러운 과일과 채소를 섞어 자연을 품은 달콤한 스무디를 만들었다. 여름을 닮은 그림책을 읽고, 더위를 달래 주는 시원한 음식이 있는 여름날의 테이블을 연다.

여름의 레시피

『수박 수영장』
수박 피자

『아이스크림이 꽁꽁』
과일 아이스크림

『린 할머니의 복숭아나무』
복숭아 말랭이 차

『눈물바다』
과일 스무디

『수박 수영장』과 수박 피자

까만 씨앗이 콕콕 박힌 시원한 수박

『수박 수영장』, 안녕달 지음, 창비

여름 하면 떠오르는 과일을 물으면 "수박!"이라고 말하는 아이들이 많다. 대표적인 여름 과일이어서일까? 수박을 소재로 한 그림책도 다양하다. 그중 평온한 농촌 마을을 배경으로 한 안녕달 작가의 『수박 수영장』은 수박이 수영장이 되는 상상을 글과 그림으로 표현한 그림책이다. 표지에는 반을 자른 수박이 붉은 속살을 뽐내고, 한쪽에는 까만 수박씨가 콕 박혀 있다. 책을 펼치면 초록빛 잘 익은 수박이 등장한다. 작가가 어떻게 『수박 수영장』을 그리게 되었을지 아이들과 이야기를 나누었다.

"수박이 과일 중에 제일 크고 안이 푹 파였잖아요. 수영장처럼요."

"물이 많아서요. 수박 먹을 때 물도 많이 흐르고, 먹고 나면 화장실도 자주 가요."

아이들이 나름의 이유를 말하는 동안 작가의 인터뷰에서 찾은 내용을 들려주었다.

"작가가 수박씨를 빼려고 수박에 손가락을 넣었는데 시원한 느낌이 들면서 손가락 구멍에 물이 고이는 걸 보고 그림책으로 만든

거래."

그림책을 보는 내내 아이들은 수박 수영장이 진짜 있으면 좋겠다고 했다. 수박 수영장에는 그늘을 만들어 주는 구름 양산과 시원한 먹구름 샤워도 있지만 없는 게 있다. 바로 간식 가게가 보이지 않았다. 수영하고 나면 얼마나 배고픈데, 그림책 속 아이들은 지치지도 않고 잘 논다.

"얘들아, 수영하면 배고프지 않을까?"

"수박 수영장이니까 배고프면 수박을 먹지 않을까요?"

한 아이의 말이 끝나기가 무섭게 다른 아이가 이어서 말했다.

"야, 거기서 수영하는데 그 물을 어떻게 먹어?"

그래서 수박 수영장 간식 가게를 만들기로 했다. 작가가 마음껏 상상력을 펼쳐 수박으로 수영장을 만들었듯이 우리도 수박 간식을 상상해 보았다. 먼저 수박을 한 덩이 꺼내 통통 두드려 소리도 듣고, 맛도 보고, 즙도 내 보고, 수박씨도 잘라 보며 수박 요리에 대해 이야기를 나누었다.

"수박 주스, 수박 빙수, 수박 아이스크림, 수박 맛 젤리……."

수박으로 만들 수 있는 것 중 전혀 생각해 보지 못한 걸 만들어 보고 싶어 '수박 피자'를 제안했다.

"에이, 수박으로 어떻게 피자를 만들어요?"

"어떤 맛일 것 같아? 한 번 상상해 봐."

부엌으로 자리를 옮겨 준비한 수박을 꺼내 수박 피자를 만들기 시작했다. 수박 피자는 사실 아이들이 알고 있는 피자라기보다는 피자의 모양을 한 수박 디저트라고 말하는 게 더 정확하다. 먼저 수박을 가로로 눕히고 반을 자른다. 그런 다음 5cm 두께로 자른 수박 도우 위에 원하는 과일과 견과류 토핑을 올린다. 어떤 아이는 금세 사람 얼굴처럼 꾸미기도 했고, 한참 생각한 후에 조심조심 완성해 가는 아이도 있었다. 토핑을 다 올린 후에 중탕으로 녹인 초코 시럽을 발라 마무리한다. 수박 피자를 조각조각 잘라 한 입 베어 물면 수박 즙이 입안에 가득 고인다. 수박 피자는 아이들이 생각했던 것과 어떻게 달랐을까?

"수박을 진짜 오븐에 넣을 줄 알았는데……. 그래도 오븐을 안 쓰니까 유치원 다니는 제 동생도 같이 할 수 있을 것 같아요."

"초콜릿도 있고, 제가 좋아하는 것만 골라 넣으니까 맛있어요."

"수박을 동그랗게 썰어 보는 건 처음이에요."

끝으로 '수박 피자' 광고를 만들었다. 피자 가격도 쓰고, 수박 주스 쿠폰까지 만든 아이도 있다. 상상했던 수박 피자를 직접 만들고 광고까지 제작하자 그럴듯하다. 그래도 오븐에서 갓 꺼낸 피자를 기대했던 아이들의 아쉬운 표정이 슬쩍 보여 "수박 피자랑 진짜 피자가 어떻게 다른지 비교해 볼까요?"라고 했더니 아이들도 신이 났다. 수박 피자는 디저트로 먹기로 하고 얼른 피자를 주문했다.

그림책과 함께 하는 요리 수업

과정	질문과 활동
탐색	◎ 그림책 표지 읽기 　"표지의 까만 씨는 무엇일까요?" ◎ 그림책 보고, 이야기 나누기 　"작가는 어떻게 수박 수영장을 그리게 되었을까요?" 　"수박 수영장에는 어떤 것들이 있나요? 여러분이 가 본 수영장과 다른 점이 있나요?" 　— 질문에 대해 서로의 생각을 듣고, 말하기 ◎ 그림책 속 수박 탐색하고, 수박 요리 상상하기 　— 수박의 겉모습과 속살 비교하기(자르고, 맛보고, 으깨기 등) 　— 수박으로 만들 수 있는 요리 생각하기 　— 수박 피자의 맛 상상하기
전개	◎ 수박 피자 만들기 　— 아이들과 함께 수박 피자 재료 준비하기 　— 각자 원하는 토핑을 올려 수박 피자 만들기 　— 함께 먹기, 정리하기
확장	◎ 수박 피자 광고 만들기 　— 내가 만든 수박 피자 떠올리며 수박 피자 가게 광고 만들기 　— 수박을 소재로 한 그림책 찾아 읽기

수박 수영장에서 먹는 시원한 수박 피자

재료 :
수박 1/2통, 바나나 2개, 슬라이스 아몬드 1컵, 초코칩 1컵, 말린 라즈베리 1컵, 호두 1컵, 건포도 1컵, 해바라기 씨 1컵 등

필요한 도구 :
어린이용 칼, 도마

커다란 수박을 준비한다. 수박을 가로로 놓고 두께 5cm 정도로 동그랗게 자른다. 수박을 자를 때는 수박이 구르지 않도록 잘 잡고 자른다.
초록색 테두리에 동그란 모양의 수박 도우를 각자 도마 위에 올린다. 그런 다음 피자 도우에 치즈나 베이컨, 올리브와 같은 토핑을 올려 피자를 완성하는 것처럼 수박 위에 다양한 견과류와 과일 토핑을 올린다. 과일은 계절에 맞는 제철 과일을 잘게 썰어 준비하고, 견과류는 슬라이스 아몬드, 호두, 해바라기 씨 등을 준비한다. 그 밖에 아이들이 좋아하는 토핑 재료로 말린 라즈베리나 코코넛 칩, 초코칩 등도 있다.
각자 원하는 토핑으로 자신만의 개성 있는 수박 피자를 만든다. 혹시 토핑을 다 올리고도 아쉽다면 초코 시럽을 수박 피자 위에 뿌린다(초코 시럽 레

시피는 27쪽 참고). 둥근 접시에 먹기 좋게 조각으로 썰어 올리면 수박 피자 완성이다. 수박 피자도 일반 피자처럼 잘라 토핑이 떨어지지 않도록 조심하며 맛있게 먹는다.

수박으로 만들 수 있는 다른 요리 _수박 화채

재료 :
아몬드 밀크 또는 두유 2컵, 딸기, 수박, 아가베 시럽, 제철 과일, 얼음

만드는 과정 :
로푸드 수박 화채는 우유 대신 아몬드 밀크 또는 두유를 사용한다는 점이 다르다. 먼저 딸기와 아몬드 밀크, 아가베 시럽을 기호에 따라 양을 조절하여 한 번에 넣고 믹서기로 간다. 여기에 썰어 놓은 수박 큐브와 얼음 또는 제철 과일을 넣으면 깔끔한 맛의 수박 화채가 된다.

수박 피자 광고 만들기

수박 수영장에 수박 피자 가게를 연다고 생각하고 만든 아이들의 광고는 기발했다. 수박 껍질로 가게 지붕을 만들기도 하고, 수박을 피자 조각처럼 그린 아이도 있었다. 아이들의 상상이 도화지에 거침없이 펼쳐졌다. 특히 온통 까만색인 피자를 메뉴로 내세운 광고가 독특해서 보았더니 "수박씨가 까맣잖아요. 그걸 토핑으로 올린 피자예요."라고 친절하게 말해 준다. 통이 큰 아이는 수박 피자 한 판을 사면 수박 수영장 무료 이용권을 무려 10장이나 준다고 홍보했다.

수박 피자 광고 만들기가 끝나자 '수박'을 소재로 한 그림책을 모아 놓고, 아이들에게 3권만 고르게 했다. 아이들은 수박이 자라나는 과정을 시적으로 그려낸 『수박이 먹고 싶으면』, 호호 할머니와 이웃 동물들, 수박 씨앗의 이야기가 담긴 『화가 난 수박 씨앗』, 수박을 좋아하는 악어가 수박씨를 삼키면서 벌어지는 일을 표현한 『수박씨를 삼켰어!』를 집었다. 아이들에게 꼭 읽어 보라고 권한 다음 직접 고른 그림책과 수박 피자 광고를 함께 보며 마무리했다.

『수박이 먹고 싶으면』, 김장성 글, 유리 그림, 이야기꽃
『화가 난 수박 씨앗』, 사토 와키코 지음, 한림출판사
『수박 씨를 삼켰어!』, 그렉 피졸리 지음, 토토북

『아이스크림이 꽁꽁』과 과일 아이스크림

매일 먹어도 질리지 않는 아이스크림

『아이스크림이 꽁꽁』, 구도 노리코 지음, 책읽는곰

『아이스크림이 꽁꽁』은 구도 노리코 작가의 '우당탕탕 야옹이' 시리즈 중 다섯 번째 작품이다. 구도 노리코의 그림책은 안 본 아이는 있어도 한 번만 본 아이는 없다고 불릴 정도로 인기 있다. 이전에 초밥집과 빵 공장 편을 아이들과 재밌게 본 적이 있다. 멍멍 씨네 가게에 몰래 들어가 늘 사고를 치는 야옹이들이 이번에는 무슨 말썽을 피울지 상상하며 책장을 넘겼다.

여덟 마리 야옹이 모두 멍멍 씨네 아이스크림 가게 배달통에 숨은 걸 보니 뭔가 꿍꿍이가 있는 게 분명하다. 역시나 펭귄들이 만든 아이스크림을 야옹이들이 몽땅 먹어 치우면서 본격적인 이야기가 시작된다. 짧은 글이지만 복선이 있어서 인물들의 대사와 그림을 퍼즐처럼 맞춰 보는 재미가 있다. 예를 들어 야옹이들은 눈밭에 얼어붙은 자신들을 구해 준 펭펭이를 처음 본다는 듯이 묻는다.

"꼬마야, 이름이 뭐야?"

"오늘 아침에 아이스크림 가게에서 봤는데."

펭펭이의 대답에 아이들은 '펭펭이가 야옹이 언제 봤지?' 추리하기 시작했고, 아이들은 탐정이 된 듯 그림 하나하나를 살피던 중, 그림책의 첫 장면에서 답을 찾았다.

그림책을 다 읽고 나서 오늘 요리를 위해 펭귄들이 아이스크림을 만드는 장면을 다시 펼쳤다.

"펭귄들이 아이스크림 어떻게 만들고 있어?"

아이들은 그림만 보며 순서를 떠올렸다.

"우유를 붓고, 달걀을 풀어 저은 다음에……."

"딸기, 오렌지, 바나나, 포도 이런 걸 넣어요."

이어서 중요한 것이 빠졌다며 다급히 소리쳤다.

"여기 초콜릿, 초콜릿도 있어요!"

아이들의 말이 끝나자 우리가 만들 아이스크림을 소개했다. 우유를 먹지 못하는 아이를 위해 달걀과 우유를 넣지 않은 과일 아이스크림이다. 재료는 그림책에 등장하는 과일 외에 키위, 아보카도, 멜론 그리고 아이스크림 토핑으로 뿌릴 초코칩, 코코넛 가루, 캐슈너트, 시리얼, 해바라기 씨, 말린 과일 등을 준비했다. 만드는 방법은 아주 간단하다. 준비한 과일을 각각 믹서기에 갈아 아이스크림 틀에 붓고, 자신이 좋아하는 토핑을 올린 다음 손잡이용 막대를 끼워 얼리면 완성이다. 아이스크림 틀 대신 빵을 구울 때 쓰는 머핀 틀이나 종이 컵에 과일즙을 넣고 세로로 막대를 꽂으면 컵 모양의 아이스크림을 만들 수 있다. 아이들은 여러 과일을 섞어 가며 원하는 맛을 찾았다. 초콜릿은 어느 것과도 잘 어울렸다. 코코넛 밀크와 아보카도를 갈아 만든 베이스에 초콜릿을 넣은 아보카도 초코 아이스크림과 바나나 초코 아이스크림이 인기가 많았다. 키위나 파인애플처럼 새콤한 맛의 과일 아이스크림에 말린 키위, 말린 파인애플을 올리면 보기에도 예쁘고 식감까지 좋다. 물론 마트에서 사 먹는 아이스크림보다는 덜 달고 자극적이지 않고, 금방 녹는다.

아이들은 일반 아이스크림과 맛이 왜 다른지 궁금해했다. 그래서 마트에서 사 온 아이스크림을 꺼내 맛을 보았다. 이어서 아이스크림에 들어가는 성분이 표시되어 있는 뒷면을 보며 우리가 만든 과일 아이스크림과 시판 아이스크림 재료를 비교했다. 재료의 개수부터 달랐다. 수제 아이스크림에 들어가는 건 과일과 몇 가지 종류의 토핑뿐이었지만 시판용에는 더 달게 하기 위한 백설탕, 자극적인 향과 색을 내는 데 쓰이는 합성 착향료와 색소, 보존 기간을 늘리기 위한 산도 조절제 등이 들어 있었다. 아이들은 아이스크림을 직접 만들며, 자신이 먹는 것의 재료를 두 눈으로 확인하고서야 둘의 맛이 다른 이유를 이해했다. 그러면서 우리가 만든 아이스크림은 '맨날 같이 놀아도 질리지 않는 친구'를 떠오르게 한다고 말했다. 우당탕탕 야옹이 그림책도 마찬가지다. 매번 야옹이들이 사고를 쳐도, 시리즈마다 똑같은 대사가 반복되어도, 그림을 앞뒤로 몇 번이고 넘겨 봐도 재밌다. 아이들이 보고 또 보는 그림책, 맨날 먹어도 맛있는 아이스크림 같은 그림책을 한 권쯤 곁에 두고 살아가기를 바란다.

그림책과 함께 하는 요리 수업

과정	질문과 활동
탐색	◎ 그림책 내용 상상하기 "야옹이들이 어떤 말썽을 피울까요?" ◎ 그림책 보고, 이야기 나누기 "펭펭이는 야옹이들을 언제 보았나요?" "왜 아빠는 펭펭이에게 지름길로 다니면 안 된다고 했을까요?" "야옹이들이 마지막에 남아서 한 일은 무엇일까요?" — 질문에 대해 돌아가며 서로의 생각을 듣고, 말하기 ◎ 그림책 속 아이스크림 만드는 장면 보며 요리 생각하기 "펭귄들이 만드는 아이스크림 재료는 무엇일까요?" "아이스크림을 어떻게 만들까요?" "우유와 달걀 없이 아이스크림을 만들 수 있을까요?"
전개	◎ 다양한 맛의 과일 아이스크림 만들고 시판 아이스크림과 비교하기 — 과일 아이스크림 재료 준비하기 — 친구들과 함께 과일 아이스크림 만들고, 맛보기 — 시판 아이스크림과 성분 비교하기
확장	◎ 그림책 한 장면 몸으로 표현하기 — 인상적인 장면 골라 각자 역할 정하기 — 몸으로 인물의 동작 표현한 후 정지하기 — 아이스크림을 소재로 한 다른 그림책 찾아보기

우당탕탕 야옹이들과 만드는 과일 아이스크림

재료 :
바나나 2개 또는 다양한 과일(냉동 과일도 가능), 캐슈너트 1/2컵, 코코넛 오일 2테이블스푼, 아가베 시럽 2테이블스푼, 레몬즙 1티스푼(원하는 경우 아이스크림에 넣을 다양한 토핑으로 코코넛 칩, 씨리얼, 말린 과일 등)
필요한 도구 :
믹서기, 아이스크림 틀, 아이스크림 나무 막대

로푸드 아이스크림을 만들기 위해서 미리 바나나는 3시간 정도 얼려 놓고, 캐슈너트는 물에 30분 불려 둔다. 얼린 바나나, 불린 캐슈너트, 코코넛 오일, 아가베 시럽, 레몬즙을 한 번에 믹서기에 넣고 곱게 갈면 걸쭉한 질감의 크림이 된다. 초콜릿 맛을 내고 싶으면 카카오 가루를 넣으면 되는데, 약간의 아가베 시럽을 같이 넣어야 쓴맛이 안 난다.

실리콘 재질의 틀에 나무 막대를 먼저 넣고 그 위에 크림을 붓고 토핑을 넣는다. 머핀 모양의 아이스크림 틀을 사용할 경우에는 크림과 토핑을 넣은 후 나무 막대를 세로로 꽂으면 작은 컵 모양의 아이스크림이 된다. 다양한 틀을 사용할 수 있지만 아이스크림이 언 다음 잘 분리되는 것으로 해야 편리하다.

냉동실에서 5시간 이상 얼려야 단단한 아이스크림이 되고, 더 오래 얼려도 좋다. 시원한 셔벗 아이스크림을 원한다면 키위나 파인애플, 망고나 딸기와 같은 새콤달콤한 과일에 레몬즙과 아가베 시럽을 넣고 믹서기로 갈아 주스를 만든다. 원하는 아이스크림 틀에 과일 주스를 붓고 얼린다. 1시간 정도 지났을 때 포크로 긁어 부순 다음 섞어 주면 공기가 들어가서 부드러워진다. 다시 2시간 정도 얼리면 과일 셔벗 아이스크림을 맛볼 수 있다.

과일로 만들 수 있는 다른 요리 _코코넛 크림 과일 아이스크림

재료 :
코코넛 크림 1캔, 냉동 과일, 아가베 시럽

만드는 과정 :
우유처럼 부드러운 느낌을 원할 때 코코넛 크림을 사용하면 된다. 모든 재료를 믹서기에 넣고 곱게 갈아 아이스크림 틀에 부어서 냉동실에 5시간 정도 얼리면 코코넛 향이 가득한 과일 아이스크림이 만들어진다. 코코넛 크림은 3시간 이상 냉장 보관을 한 다음에야 생크림처럼 사용할 수 있다. 실온에 있는 상태에서 바로 사용하면 액체 상태이기 때문에 아이스크림 같은 질감을 내기 힘들다.

그림책 한 장면 몸으로 표현하기

『아이스크림이 꽁꽁』에서 아이들이 좋아하는 장면은 야옹이들이 망가뜨린 아이스크림 배달통을 직접 고치는 마지막 장면이다. 이 장면으로 아이들과 즉흥극을 했다. 연극에서 사용하는 타블로 기법을 응용한 것으로 주어진 그림책 장면을 정지 동작으로 표현한다. 아이들은 용접하는 야옹이, 감독하는 야옹이, 가위질하는 야옹이, 아이스크림을 들고 있는 펭펭이, 마실 차를 들고 오는 아이스크림 가게의 펭귄 등 장면에 등장하는 인물 중 원하는 한 명을 정했다. 즉흥극이니만큼 소품은 주변의 도구를 활용한다. 아이스크림 배달통 대신에 쓰레기통이 등장했고, 공업용 가위 대신 부엌 가위를 손에 들었다. 대사도 없고, 인물과 똑같은 동작을 취하고 가만히 있으면 되니 수줍어 하는 아이에게도 부담이 덜했다. 준비하고 있다가 '하나 둘 셋' 외치면 모두 멈추었고 그 순간 사진을 찍었다. 사진을 그림책 장면과 비교하며 자신의 모습을 찾느라 분주했다.

친구들과 함께한 추억의 사진을 보며 시원한 아이스크림을 떠올리게 하는 그림책 『아이스크림 걸음』, 『아이스크림 여행』, 『아이스크림 주세요』를 읽으면 더운 여름도 쉽게 이겨낼 거라며 함께 읽어 주었다.

『아이스크림 걸음』, 박종진 글, 송선옥 그림, 소원나무
『아이스크림 여행』, 피터 시스 지음, 시공주니어
『아이스크림 주세요』, 안자이 미즈마루 지음, 미디어창비

『린 할머니의 복숭아나무』와 복숭아 말랭이 차

할머니가 나누어 준 복숭아

『린 할머니의 복숭아나무』, 탕무니우 지음, 보림

영화나 드라마에 음식이 등장하면 갑자기 배가 고파지면서 군침이 돈다. 나는 어린 시절 『헨젤과 그레텔』을 읽으며 과자로 집을 만들어 보고 싶었다. 하지만 과자를 사면 집을 만들기도 전에 입으로 다 들어가는 바람에 해 보지는 못했다. 아이들에게도 비슷한 경험이 있냐고 물으니, 텔레비전을 보다가 라면 먹는 장면이 나와서 참지 못하고 동생이랑 먹은 적이 있다고 했다.

『린 할머니의 복숭아나무』를 처음 읽을 때 복숭아를 사러 달려 나가고 싶었다. 복숭아로 만든 파이는 무슨 맛일까? 복숭아 꽃잎 차는 어떻게 만들지? 아이들도 그런 마음이 들까 기대하며 그림책을 펼쳤다.

린 할머니네 집 앞 복숭아나무에 꽃이 피고, 복숭아가 주렁주렁 열렸다. 할머니는 아기 다람쥐, 양, 토끼, 호랑이, 염소 등 찾아온 동물들에게 복숭아를 나눠 주고 딱 한 개 남았을 때 뒤늦게 도착한 거북이 가족이 달라고 한다. 할머니는 우는 거북이들을 뒤로 한 채 복숭아 한 알을 들고 돌아가 버린다. 여기서 잠시 멈추고 아이들에게 물어보았다.

"애들아, 할머니가 복숭아를 어떻게 했을까?"

"거북이는 몸집이 작으니까 할머니가 칼을 가져와서 복숭아 잘라서 같이 나눠 먹을 것 같아요."

"음, 하나밖에 없어서 할머니 혼자 드시지 않을까요?"

"마지막 남은 복숭아는 심으려고 남겨 둘 것 같아요."

아이들 대답이 끝나고, 다음 장을 넘겼더니 할머니 손에 복숭아 파이가 들려 있다. 그때 미리 만들어 둔 복숭아 차와 복숭아 파이를 꺼냈다. 그림책에서 막 튀어나온 듯한 느낌을 전하려고 한 것인데 아이들은 깜짝 놀라며 얼른 맛보고 싶어 했다. 아직 이야기가 끝나지 않아 달달한 향만 맡고 다시 그림책으로 돌아갔다.

거북이들에게 마지막 복숭아를 나눠 주고 나니 복숭아는 하나도 남지 않았다. 하늘이 흐리고 비가 내렸다가 그쳤다. 그림책의 접힌 페이지를 창문처럼 양쪽으로 펼치니 온통 복숭아꽃이다. 할머니가 나누어 준 복숭아를 먹고 뱉은 씨앗이 복숭아나무가 되어 꽃을 피운 것이다. '나눔'을 통해 복숭아 씨앗이 나무, 열매, 동물을 거쳐 다시 땅으로 돌아가는 자연의 '순환'을 그려 낸 아름다운 그림책이었다.

이제 린 할머니처럼 복숭아 꽃잎 차를 직접 만들고 맛볼 시간이었다. 아이들과 만드는 과정을 먼저 짐작해 봤다.

"복숭아 꽃잎을 따서 넣고 뜨거운 물을 부어요."라고 책의 내용과 비슷하게 말하는 아이도 있고, "꽃잎을 진짜 먹어요?"라고 묻는 아이도 있었다. 그런데 복숭아 꽃잎은 구하기가 어려워 말랑한 복숭아를 썰어 건조시킨 복숭아 말랭이로 만들 거라고 했다. 보송보송 솜털이 있는 복숭아는 알레르기 반응이 있을 수 있어 수업 전에 미리 확인해야 한다.

    단단한 백도와 말랑한 황도, 새콤한 맛이 강한 천도복숭아, 매실처럼 효소로 담가 먹는 돌 복숭아 등 다양한 종류의 복숭아를 깨끗이 씻어 놓았다. 아이들은 복숭아를 요리조리 살펴보고, 향도 맡고, 먹어 보더니 가장 맛있는 복숭아를 골라 반달 모양으로 썰었다. 차로 만들기 위해서는 오랫동안 바짝 건조해야 해서, 식품 건조기로 미리 말려 둔 것을 꺼냈다. 복숭아 말랭이는 그냥 먹어도 맛있어서 자꾸만 손이 갔다. 땅에서 생분해되는 티백 주머니에 복숭아 말랭이를 담아 복숭아 티백을 완성했다. 녹차나 둥글레차 티백을 우려 마신 적은 있지만 복숭아 차를 직접 만들어 마시는 건 처음이라고 했다. 그림책 속 거북이들처럼 돗자리를 깔고 둥글게 앉아 진하게 우려낸 복숭아 차를 천천히 마셨다. 향은 진했고, 맛은 은은했다. 내일 캠핑을 떠난다는 아이는 밤에 엄마와 따뜻하게 마신다며 가방에 담았고, 한 남매는 퇴근하고 돌아온 아빠에게 복숭아 차를 건네주고 싶다며 티백 주머니 끈을 다시 촘촘히 묶었다. 소중한 누군가와 나누고 싶은 마음, 린 할머니도 그런 마음이지 않았을까?

그림책과 함께 하는 요리 수업

과정	질문과 활동
탐색	◎ 그림책 관련 경험 떠올리기 "책이나 영화에 나오는 음식을 보고 먹고 싶다는 생각을 한 적이 있나요?" ◎ 그림책 보고, 이야기 나누기 — 린 할머니가 복숭아를 가져가고, 거북이들이 우는 장면에서 멈추기 "할머니는 복숭아를 어떻게 했을까요?" "거북이는 어떤 마음이었을까요?" — 질문에 대해 서로의 생각을 듣고, 말하기 ◎ 그림책 속 복숭아 탐색 및 요리 과정 추측하기 — 다양한 종류의 복숭아 관찰하고 탐색하기 (만지고, 색깔 살펴보고, 반으로 자르고, 냄새 맡고, 맛보기 등) — 복숭아 차 맛보며 요리 과정 추측하기 "복숭아 차는 어떻게 만들까요?"
전개	◎ 복숭아 말랭이 차 만들기 — 아이들과 함께 복숭아 차 재료 준비하기 — 주머니에 복숭아 말랭이를 넣은 티백 만들기 — 함께 마시기, 정리하기
확장	◎ 린 할머니와 가상 인터뷰하기 — 그림책 속 작가의 헌사 찾기 — 린 할머니와 가상 인터뷰하기 — 린 할머니처럼 나눔을 소재로 한 그림책 찾아 읽기

진한 복숭아 향이 가득한 복숭아 말랭이 차

재료 :
복숭아(시판용 복숭아 말랭이 사용 가능)

필요한 도구 :
식품 건조기, 유산지 또는 테프론시트, 생분해 티백 주머니

복숭아 차를 만들기 위해서는 먼저 복숭아 말랭이가 필요하다. 복숭아를 꼼꼼하게 씻어 껍질을 벗긴 뒤 반달 모양으로 썬다. 너무 얇게 썰면 복숭아의 식감을 느끼기 어렵고, 서로 달라붙어서 떼어낼 때 찢어지는 경우가 있다. 그래서 조금 큼지막하게 복숭아 반쪽을 4등분하는 정도의 두께로 썬다. 두툼한 복숭아 말랭이를 원한다면 더 두껍게 썬다.

썰어 둔 복숭아는 유산지나 테프론시트를 깔고 서로 겹치지 않게 놓은 다음 식품 건조기에서 45도, 15시간 이상 건조한다. 중간에 건조 상태를 살펴보고 시간을 더 늘릴 수도 있다. 만약 식품 건조기가 밑에서 뜨거운 바람이 나오는 방식이라면 아랫부분이 더 많이 마르므로 중간에 한 번 뒤집어 주는 것이 좋다. 건조된 복숭아는 부피가 줄고, 두께도 얇아지는데 껍질을 깎

지 않으면 껍질 부분이 딱딱해져 씹기 불편할 수 있다. 완성된 복숭아 말랭이는 겉은 꼬들꼬들, 속은 보들보들해서 간식처럼 그냥 먹어도 맛있다.
차로 마시려면 바싹 건조한 복숭아 말랭이를 잘라 티백 주머니에 담은 후 입구를 끈으로 묶는다. 냉동실에 보관하고 원할 때마다 녹차 티백처럼 뜨거운 물에 우려내어 마신다. 복숭아 말랭이 차에 단맛을 더하고 싶으면 다른 과일 청을 넣는다.

복숭아로 만들 수 있는 다른 요리 _복숭아 파이

재료 :
복숭아 말랭이 1/3컵, 아몬드 1컵, 소금 약간

만드는 과정 :
복숭아 말랭이와 아몬드, 소금을 푸드프로세서에 한꺼번에 넣고 돌린다. 손으로 동글동글하게 뭉쳐질 정도로 반죽이 되면 분리 가능한 파이 틀에 손으로 꾹꾹 눌러 담아 채운다. 냉장고에 10분 정도 굳히면 복숭아 파이가 완성된다. 케이크처럼 먹고 싶다면 3시간 이상 냉장 보관한 코코넛 크림, 아가베 시럽, 레몬즙을 거품기로 잘 섞어 1시간 정도 냉장 보관한 크림을 파이 위에 붓고, 말린 복숭아로 장식한다.

린 할머니와 인터뷰하기

『린 할머니의 복숭아나무』에는 '린타오 할머니의 손녀에게 바칩니다'라는 작가의 헌사가 있다. 린타오 할머니에 대해 아이들도 궁금해하길래 가상 인터뷰를 하기로 했다. 그림책
내용을 이해한 한 학생이 린 할머니 역할을 맡았다.
"지금부터 복숭아 방송국에서 특별 프로그램의 주인공으로 모신 린 할머니와의 인터뷰가 시작됩니다. 기자분들 질문해 주세요."
"할머니, 올해 나이가 어떻게 되세요?"
"딱 100살이에요."
"린 할머니, 처음 복숭아나무 씨앗은 어떻게 구하셨어요?"
"내가 5살 때 복숭아를 먹고 나서 그 씨앗을 우리 집 마당에 심었는데 그게 이만큼 자란 거예요."
"어떻게 복숭아 한 알로 복숭아 꽃잎 차와 복숭아 파이를 만드신 건가요?"
린 할머니의 인터뷰는 모두에게 레시피를 알려 주며 마쳤다. 나도 내가 아는 복숭아 파이 레시피를 살짝 전하며, 음식을 나누는 이야기를 담은 그림책을 소개했다.

『할머니의 식탁』, 오게 모라 지음, 위즈덤하우스
『위대한 식탁』, 마이클 J. 로젠 글, 베카 스태틀랜더 그림, 살림
『텅 빈 냉장고』, 가에탕 도레뮈스 지음, 한솔수북

『눈물바다』와 과일 스무디

힘을 주는 위로의 스무디

『눈물바다』, 서현 지음, 사계절

『내 영혼의 닭고기 수프』처럼 사람마다 위로가 되는 음식 하나쯤 있다. 때때로 억울하고, 귀찮고, 외롭고…… 다채로운 감정을 느끼는 아이들은 속상하거나 기쁠 때 어떤 음식을 떠올릴까? 학원 끝나고 또 학원을 가야 할 때 파란색 소다 슬러시를 사 먹으면 답답한 마음이 좀 풀린다는 아이, 엄마와 아빠가 싸운 날에는 누나랑 같이 나가서 편의점에서 삼각김밥을 먹고 온다는 남매도 있었다. 그런 아이들에게 "나도 그런 적 있어!"라고 외치는 그림책이 있다. 『눈물바다』는 읽는 내내 아이들에게 격한 공감을 불러일으킨다. 누구나 한 번쯤 겪었을 만한 상황 때문인지 아이들은 이름 없는 주인공의 이야기에 자신을 금방 투영한다.

우선 앞면지와 뒷면지에 작게 그려진 주인공의 표정 변화를 눈여겨보며 첫 문장을 읽었다. 시험을 보는데 아는 게 하나도 없고, 점심도 맛이 없고, 억울하게 선생님에게 혼나기까지 한다. 겨우 학교가 끝나고 집에 가려는데 비까지 내린다. 우산은 당연히 없다. 젖은 채 들어간 집에서는 엄마와 아빠가 싸우는 중이다. 속상한 하루를 보낸 주인공이 방에서 훌쩍훌쩍 흘린 눈물이 거대한 바다를 이룬다.

아이들도 자신의 경험을 털어놓았다. 그림책이 아이들의 삶을 통과하는 순간이었다. 주인공처럼 시험을 보는데 아는 게 하나도 없을 때 아이들이 느끼는 두려움은 예상보다 컸다.

"엄마한테 혼날까 봐 걱정돼요."

"시험을 망쳐서 학원 숙제 늘어나는 게 싫어요."

그런 아이들에게 색다른 놀이 하나를 권했다. 바로 빵점을 맞아야 하는 특별한 시험이다. 예를 들어 시험 문제가 '주인공이 집에 갈 때 우산 대신 쓰고 간 것은?'이라면 정답인 '상자'만 빼고 아무 말이나 쓰면 된다. 아이들이 쓴 빵점 답은 '호박잎, 가방, 옷'이다. 각자의 답을 친구들과 공유하며 깔깔댄다. 틀려야만 하는 빵점 퀴즈를 푸는 동안 아이들은 해방감을 느꼈다. 아이들의 마음이 조금 풀렸을까? 다음으로는 누구보다 속상했을 『눈물바다』 주인공을 위해 마시면 힘이 나는 스무디를 만들기로 했다. 생야채와 생과일을 사용한 로푸드 스무디는 아침에 식사용으로 마셔도 든든한 대표적인 건강 음식이다. 야채나 과일을 싫어하는 아이들에게도 친근하게 다가갈 수 있다는 장점이 있다. 먼저 아이들과 스무디에 들어갈 재료를 같이 살펴보고, 어떤 비율로 섞느냐에 따라 색깔과 맛이 달라진다는 것을 설명하고 보여 주었다. 케일과 사과, 바나나에 물을 약간 넣고 갈면 씁쓸한 케일 맛이 사라진 그린 스무디가 된다. 한 잔 마시면 케일의 좋은 영양분을 그대로 흡수할 수 있다. 케일 대신에 블루베리를 넣으면 보랏빛 달콤한 스무디가 되고 대추야자를 넣으면 풍미가 더해진다. 맛을 비교하니 진짜 다르다면서 아이들은 엄지를 세웠다. 또 과일과 채소만 넣은 스무디가 단조롭다면 중간에 코코넛 크림을 넣어 구름 스무디를 만들 수 있다. 아이들은 재료를 바꿔 보면서 응원의 마음까지 담았다. 그리고 주인공의 이름도 지어 보며 위로의 스무디를 만들어 소개했다.

"점심밥도 저녁밥도 잘 먹지 못해 배고플 눈물이를 위한 한 끼 식사로 든든한 그린 스무디."

"엄마한테 혼나서 속상해 캄캄한 방에 있는 밤톨이에게 전하는 화사한 레인보우 스무디."

"눈물바다에서 사람들을 꺼내느라 땀을 흘렸을 훌쩍이를 위한 새콤하고 시원한 파인애플 망고 스무디."

각자 만든 스무디를 병에 담고 이름까지 붙이니 팔아도 될 정도로 훌륭했다. 아니나 다를까 벌써 가격을 적은 아이도 있다. 우리는 스무디를 맛보며 다시 보고 싶었던 장면을 펼쳤다. 작가가 숨겨 놓은 다른 이야기의 주인공을 찾는 활동도 했는데, 눈 밝은 아이들은 금세 찾아냈지만 얼굴을 파묻고 눈을 떼지 못하는 아이들도 있었다. 눈물 대신 웃음이 가득한 시간이었다.

그림책과 함께 하는 요리 수업

과정	질문과 활동
탐색	◎ 그림책 면지 살펴보기 "앞면지와 뒷면지 등장인물의 표정이 어떻게 다른가요?" ◎ 그림책 이야기 나누고, 빵점 퀴즈 놀이하기 "주인공에게 일어난 일들과 그때마다 느낀 감정은 무엇인가요?" "등장인물의 상황 중 가장 공감이 가는 장면은 무엇인가요?" "나도 비슷한 경험이 있나요? 속상하거나 슬플 때 여러분은 어떻게 하나요?" — 질문에 대해 서로의 생각을 듣고, 말하기 ◎ 빵점 퀴즈 놀이하기 ◎ 스무디 과일 탐색하기 — 스무디의 재료인 과일 살펴보고, 특성 이해하기 — 스무디의 과일 조합 설명 듣기
전개	◎ 주인공을 위한 위로의 과일 스무디 만들기 — 선생님의 과일 스무디 만드는 시연 보기 — 그림책 주인공 상황과 감정을 생각한 과일 스무디 만들기 — 함께 맛보기, 포장하기, 정리하기
확장	◎ 그림책 속 숨은 그림 찾기 — 그림책 『눈물바다』 장면 펼쳐서 다시 보기 — 작가가 숨겨 놓은 그림 함께 찾기 — 숨은 그림을 찾는 재미가 있는 그림책 골라서 읽기

건강하고 맛있는 과일 스무디

재료 :
바나나 1개, 사과 1개, 비트 1/6개, 씨를 뺀 대추야자 3~4개,
물 또는 코코넛 워터 1컵

필요한 도구 :
믹서기

과일 스무디는 즙을 내는 주스와 달리 채소나 과일을 믹서기에 통째로 넣고 갈아 낸 음료로 식이섬유가 풍부하다. 들어가는 재료와 비율에 따라 다양한 맛의 스무디를 즐길 수 있다. 그중에서 빨간 무라고 불리는 비트를 넣은 스무디를 만들어 보자.

비트는 아삭한 식감과 특유의 색 때문에 샐러드나 다양한 요리에 1년 내내 사용되는 채소다. 비트의 붉은 색소에 들어 있는 베타인 성분이 세포 손상을 억제하고 항산화 작용을 해서 몸에 좋지만, 그냥 먹기 쉽지 않다. 그럴 때 깨끗이 씻어 껍질을 벗긴 비트 한 조각과 사과, 바나나에 씨를 뺀 대추야자 몇 알과 코코넛 워터를 넣고 믹서기에 갈면 맛있으면서도 건강한 스무디가 완성된다. 코코넛 워터는 코코넛 열매 안에 들어 있는 반투명한 액

체로, 물 대신 넣으면 포만감이 더 느껴진다. 대추야자는 쫀득한 식감과 달콤한 맛이 특징인데, 스무디에서 주로 단맛을 내거나 풍미를 더하는 용도로 사용된다. 하지만 당분이 많고 열량이 높아 한꺼번에 많이 먹는 것은 좋지 않다.

믹서기로 스무디를 만들 때, 너무 오래 갈면 열이 발생해서 영양소가 파괴되니 1분 정도가 적당하다. 갓 만든 비트 바나나 사과 스무디는 바로 먹는 게 가장 좋지만 보관해야 한다면 스무디 팩에 담아 냉동하고 최대한 빠른 시간 내에 먹는다.

여름 과일로 만들 수 있는 다른 요리 _오이 크리미 스무디

재료 :
오이 1개, 숙성된 아보카도 1개, 아몬드 밀크 1컵, 대추야자 3~5개

만드는 과정 :
검은색에 가까운 잘 숙성된 아보카도를 반으로 잘라 씨를 빼낸 후 과육을 숟가락으로 파내고, 오이는 껍질을 깎아서 준비한다. 고소한 아보카도와 수분이 많은 오이는 의외로 조합이 좋다. 오이를 먼저 넣고 갈다가 아보카도와 아몬드 밀크, 기호에 따라 대추야자를 넣어서 더 갈면 연초록 오이 크리미 스무디가 완성된다.

그림책 속 숨은 그림 찾기

『눈물바다』에는 펼치면 세 쪽이 되는 그림이 있다. 이곳에 '이스터 에그(Easter egg, 창작자가 재미로 숨겨 놓은 메시지)가 숨겨져 있다. 자세히 살펴보면 인어공주, 스파이더맨, 심청이, 노아와 방주 등 여러 동화 주인공이다. 그림책에 있는 숨은 그림은 또 다른 이야기를 불러낸다. 한 아이가『눈물바다』에서 "여기 선녀와 나무꾼 있다!" 하고 외치면 다른 아이가 "선녀 옷을 숨긴 나무꾼 이야기잖아."라고 말한다. 그러면 다른 아이들은 귀를 쫑긋하고 듣는다.

순식간에 숨은 그림을 다 찾은 아이들이 이런 그림책이 또 없냐고 물었다. 생텍쥐페리의 『어린 왕자』에서 '어린 왕자와 여우'를 무척 좋아해 자신의 작품마다 둘을 숨겨 놓는다는 윤지회 작가의 『엄마 아빠 결혼 이야기』, 『두더지의 소원』에 등장하는 곰이 작가의 다른 그림책 한쪽에 다시 등장하는 김상근 작가의 『별 낚시』를 추천하고, 커다란 판형 덕분에 숨은 그림 찾는 재미를 제대로 느낄 수 있는 『커다란 정원』에서는 산타클로스를 찾아보라고 말했다.

『엄마 아빠 결혼 이야기』, 윤지회 지음, 사계절
『별 낚시』, 김상근 지음, 사계절
『커다란 정원』, 질 클레망 글, 뱅상 그라베 그림, 이마주

그림책과 함께 하는 여름 요리

『감자가 만났어』와 홍영감자 샐러드

감자 한 알과 당근이 만나서 토끼가 되고, 감자 두 알과 호박이 만나 침팬지가 되는 모습이 궁금하면 『감자가 만났어』를 펼쳐 보자. 감자와 여러 채소, 과일이 만나 새로운 동물이 되는 과정을 아이들은 호기심 어린 눈으로 본다. 감자와 똥으로 자연의 순환을 보여 주는 마지막 장면도 놓치지 않는다. 그림책에 등장한 채소와 과일을 식탁 위에 올려놓고 '○○와 ○○이 만나면 ○○이 될까?' 놀이를 했다. 그리고 생으로 먹어도 좋은 홍영감자로 샐러드를 만들어 먹으니 든든하다.

『감자가 만났어』
수초이 지음, 후즈갓마이테일

홍영감자 샐러드

재료 : 홍영감자 2개, 양파1/4개, 파인애플 링 1조각, 식초 2테이블스푼, 올리브유 1테이블스푼, 레몬즙 1테이블스푼, 아가베 1테이블스푼, 소금 조금

만드는 과정 : 홍영감자는 겉과 속이 붉은 작은 감자로 생으로 먹으면 밤과 비슷한 맛이 나며 올리브유와 잘 어울린다. 홍영감자는 채 썰어 따로 준비하고, 나머지 모든 재료를 푸드프로세서에 한 번에 넣고 갈아 소스를 만든다. 채 썬 홍영감자 위에 소스를 드레싱으로 뿌려 먹는다.

『한 입만』과 코코넛 밀크 요거트

공룡을 좋아하는 아이라면 경혜원 작가의 그림책을 함께 읽는 건 어떨까? 욕심 많지만 미워할 수 없는 귀여운 티라노사우르스가 등장하는 『한 입만』을 읽고, 자신이 좋아하는 공룡과 그림책에 나오는 코코넛 이야기를 나눈 후, 코코넛 밀크를 맛본다. 그림책 속 공룡들처럼 진짜 코코넛에 빨대를 꽂고 먹어 보면 좋겠지만, 우리나라에서는 구하기가 어려워 코코넛 밀크를 따로 구입했다. 다른 재료를 섞어 요거트를 만들었는데 새콤 고소해서 코코넛을 좋아하는 『한 입만』의 공룡들에게 선물해 주면 좋아할 맛이다.

『한 입만』
경혜원 지음, 한림출판사

코코넛 밀크 요거트

재료 : 코코넛 밀크 1캔, 사과 1/2개, 파인애플 링 1조각, 레몬즙 1티스푼, 사과 식초 1티스푼, 대추야자 3~5개, 한천 가루 1테이블스푼

만드는 과정 : 모든 재료를 믹서기에 함께 넣고 곱게 간 뒤 냉장고에서 10분 정도 굳히면 코코넛 밀크 요거트가 된다. 코코넛 밀크는 냉장고에서 3시간 이상 보관한 후 사용해야 걸쭉한 질감을 낼 수 있다.

『앵두』와 앵두 수제청

문명예 작가가 딸이 부른 노래에서 영감을 받아 그렸다는 그림책 『앵두』를 읽기 전에 '초록 초록 나무에 빨간 빨간 앵두가 다닥다닥 구슬처럼 많이 열렸네~'로 시작하는 동요 '앵두'를 찾아보았다. 아이들과 동요를 들으면서 꽃봉오리가 피어난 자리마다 앵두가 나무 한가득 열리는 그림책을 넘겼다. 서양 '체리'와 우리나라 '앵두'를 바구니에서 꺼내 크기, 맛, 색깔을 비교하고, 금방 터질 듯 말랑말랑한 앵두로 오래 두고 먹을 수 있는 수제 청을 담갔다. 빨간 고운 색깔에 반하고, 맛에 한 번 더 반한다.

『앵두』
문명예 지음, JEI 재능교육

앵두 수제청

재료 : 앵두 1컵, 유기농 설탕 1컵, 레몬즙 1테이블스푼

만드는 과정 : 꼭지를 딴 앵두와 유기농 설탕을 같은 비율로 담고 레몬즙을 넣은 후, 설탕이 완전히 녹을 때까지 살살 버무린다. 이때 앵두가 으깨지지 않도록 주의한다. 설탕 알갱이가 보이지 않을 만큼 완전히 녹았다 싶으면 열탕 소독한 유리병에 담는다. 바로 먹지 않고, 하루 상온에서 숙성한다. 다음 날부터 냉장 보관해서 1주일 뒤에 먹으면 앵두의 깊은 맛을 느낄 수 있다. 더운 여름날, 물이나 탄산수에 타서 시원하게 먹으면 기분 좋은 새콤함에 입맛이 돋는다.

『팥빙수의 전설』과 로푸드 과일 빙수

『팥빙수의 전설』의 아이디어가 된 두 개의 옛이야기 '팥죽 할머니와 호랑이', '해와 달이 된 오누이'를 먼저 들려주고 아이들과 그림책을 보았다. 읽고 나면 할머니가 장에 판 눈 호랑이 범벅의 맛이 궁금해진다. 그래서 우리만의 비법으로 우유가 들어가지 않은 연유로 만든 로푸드 과일 빙수를 만들어 보았다. 입에서 입으로 전해 내려오던 말들이 그림책에서 새로운 이야기로 태어났듯이 각자 개성대로 만든 빙수를 주제로 '내 빙수의 전설' 이야기를 만들고 듣느라 시간 가는 줄 몰랐다.

『팥빙수의 전설』
이지은 지음, 웅진주니어

로푸드 과일 빙수

재료 : 캐슈너트 1컵, 코코넛 오일 3테이블스푼, 아가베 시럽 5테이블스푼, 레몬즙 1테이블스푼, 얼음, 아몬드 밀크 1컵, 제철 과일

만드는 과정 : 믹서기에 캐슈너트, 코코넛 오일, 아가베 시럽, 레몬즙을 넣고 부드럽게 될 때까지 갈면 우유를 넣지 않은 로푸드 연유가 된다. 제빙기로 곱게 간 얼음에, 아몬드 밀크, 로푸드 연유, 각종 과일 등을 빙수처럼 먹기 좋게 담으면 로푸드 과일 빙수가 완성이다.

가을날의 그림책 테이블

무더위가 가셨나 싶으면 어느덧 아이들의 옷소매가 길어진다. 하나둘 긴 팔을 입은 아이들을 보며 가을이 왔음을 느낀다. 다람쥐처럼 도토리를 모아 탱탱한 묵을 만들어 볼까? 토실토실 알밤을 구워 군밤을 먹을까? 군침 도는 고민 끝에 모든 것이 무르익는 가을을 맞아 작가에게서 잘 여물어져 나온 그림책과 농부의 손길 아래서 먹음직스럽게 익은 과일과 열매에 관한 책을 골랐다. 『알밤 소풍』의 알밤과 『대추 한 알』의 대추, 『꽃·사과』의 사과를 금방 고르고 『달 케이크』에 맞는 재료와 요리를 고르는 데에는 시간이 걸렸다. 그림책의 중요한 소재인 달의 색깔을 그려내기 위한 재료를 찾다가 단호박을 선택했는데, 맛까지 좋았다.

　가을은 일 년 중 가장 바쁘고, 풍요로운 계절이다. 벼는 노랗게 익어 가고, 은행나무에서는 노오란 은행이 익어 '툭툭' 땅으로 떨어진다. 가을의 그림책과 과일, 열매를 모아 풍성하게 차린 그림책 식탁은 생각만으로도 배가 부르다.

가을의 레시피

『알밤 소풍』
알밤 스프레드

『대추 한 알』
대추 브라우니

『꽃·사과』
사과꽃 타르트

『달 케이크』
단호박 무스

『알밤 소풍』과 알밤 스프레드

고소하고 달달한 동그란 알밤

『알밤 소풍』, 김지안 지음, JEI재능교육

토실토실한 알밤을 보고 가을의 한가운데 와 있음을 알아차린다. 혹시나 나처럼 밤을 좋아하는 아이가 있을까 싶어 충청남도 공주에서 가져온 밤과 시골 장터 할머니에게서 산 은행, 도토리, 단감, 대추, 호두, 사과 등 가을 열매와 과일을 가득 준비했다.

수업을 시작하며 아이들에게 눈을 감고 바구니에 손을 넣어 하나만 고르라고 했다. 그런 다음 수업 내내 자신이 뽑은 가을 열매나 과일 이름으로 부르게 했다. 오는 길에 은행나무를 봤다며 은행을 고르고 반가워하는 아이도 있고 옆 짝꿍을 벌써 "도토리야, 도토리야" 하고 부르는 아이도 있었다. 주황빛 감을 고른 나는 '단감 선생님'이다. 가끔 이렇게 별명을 정해 부르면 나이 차이가 있는 아이들 관계가 수평적으로 변하면서 훨씬 활발히 이야기가 오고 간다.

도토리, 은행, 호두, 대추와 함께 볼 그림책은 귀여운 다람쥐들이 등장하는 『알밤 소풍』이다. 어느 가을날 다람쥐들은 긴 막대기를 들고 알밤을 따러 소풍을 떠난다. 숲속에는 작은 알밤뿐이라 고개를 들어 하늘을 올려다보니 밤나무 꼭대기에 어마어마하게 큰 알밤이 있다. 가져온 모든 막대를 엮어 기다란 장대를 만든 다람쥐들이 밤나무를 건드린다는 게 그만 하늘에 떠 있는 구름을 찌르면서 이야기는 절정에 이른다.

그림책을 다 읽고, 그림만 다시 보며 그림책 질문카드를 만들었다. 아이들에게 2장씩 카드를 나누어 주고 그림책을 보면서 떠오른 질문을 쓰게 했다. 그리고 가운데에 모아 둔 다음 한 장씩 뽑아서 질문을 보고, 자신의 생각을 말했다.

"앞표지에 다람쥐는 어떤 모자를 썼나?"

"다람쥐 친구들은 어디에 사는지 궁금하다."

"알밤을 먹을 때 같이 마신 음료수는 무슨 맛일까?"

다람쥐들을 따라 알밤 소풍을 떠났더니 슬슬 배가 고파왔다. 오늘 알밤으로 만들 요리는 잼처럼 빵에 발라 먹는 '알밤 스프레드'다. 생밤을 먼저 맛보려고 오돌토돌한 겉을 만지며 껍질을 까는데 쉽지 않다. 생밤은 뜨거운 물에 20분 정도 불리고 위아래를 살짝 자르면 잘 벗겨진다. 알밤 스프레드는 삶은 밤이 필요해서 미리 햇밤을 사서 삶아두고 찬물에 담가 식혔다. 물기를 뺀 밤은 잘라 속을 파냈다. 달달한 맛을 더하기 위해 씨를 뺀 대추야자도 준비했다. 푸드프로세서를 사용해도 되고, 잼처럼 부드러운 식감을 내려면 믹서기에 갈아도 된다. 이때 물 대신에 아몬드 밀크를 넣으면 더 고소하다고 해서 직접 아몬드 밀크도 만들어 봤다.

삶은 밤과 대추야자, 아가베 시럽, 레몬즙, 올리브유, 수제 아몬드 밀크를 넣고 약간의 간장과 소금으로 간을 맞춘 후 믹서기를 돌렸다. 뚜껑을 여니 달짝지근한 냄새가 가득했다. 콕 찍어 맛본 아이들 눈이 동그랗게 커졌다.

"단감 선생님, 맛있어요!!"

견과류나 밤을 좋아하지 않는다던 아이도 "고소하고 달아요."라며 잘 먹었다. 빵에 잼처럼 발라 먹으면 더 맛있어서 준비해 둔 담백한 호밀빵도 꺼냈다. 수제 아몬드 밀크에 알밤 스프레드를 타서 먹어도 맛있다.

아이들은 재료 손질부터 요리와 정리까지 스스로 해냈고, 처음과 끝을 친구들과 함께 하니 더욱 뿌듯하고 즐거워 보였다. 왜 다람쥐들도 다 같이 알밤 소풍을 떠났다가 돌아왔는지 알 것 같았다. 알밤을 따는 일도, 군밤을 나누어 먹는 일도 같이 했기에 더 재밌었던 거다. 알밤 스프레드를 작은 병에 담아 두었다가 도토리 소풍을 떠난다는 다람쥐의 가방에 간식으로 먹으라고 살짝 넣어 두고 싶다.

그림책과 함께 하는 요리 수업

과정	질문과 활동
탐색	◎ 그림책 관련 경험 떠올리기 　"가을에 생각나는 과일이나 열매가 있나요?" ◎ 그림책 질문카드 만들고, 이야기 나누기 　"앞표지에 다람쥐는 어떤 모자를 썼나요?" 　"다람쥐 친구들은 어떤 집에 살까요?" 　"알밤을 먹을 때 같이 마신 음료수는 무슨 맛일까요?" 　― 질문에 대해 서로의 생각을 듣고, 말하기 ◎ 알밤 탐색 및 효능 이해하기 　― 알밤 관찰하고 탐색하기(만지고, 색깔 살펴보고, 반으로 자르고, 냄새 맡고, 맛보기 등) 　― 생밤과 삶은 밤 비교하기, 밤껍질 까는 법 알기
전개	◎ 알밤 스프레드 만들기 　― 아이들과 함께 알밤 스프레드 재료 준비하기 　― 아몬드 밀크 만들기 　― 알밤 스프레드 만들기 　― 함께 먹기, 정리하기
확장	◎ 그림책 질문카드 놀이하기 　― 그림책 질문카드를 골라 자신의 생각 말하기 　― 같은 작가의 다른 작품 바코드 찾아보기

색다르게 먹을 수 있는 알밤 스프레드

재료 :
삶은 밤 1컵, 레몬즙 3테이블스푼, 대추야자 2~3개, 올리브유 1테이블스푼, 아가베 시럽 1테이블스푼, 소금 1티스푼, 간장 1티스푼, 물 또는 아몬드 밀크 3테이블스푼

필요한 도구 :
푸드프로세서 또는 믹서기, 열탕 소독한 유리병

로푸드 밤 요리를 할 때는 열을 가열하지 않은 생밤을 주로 쓰지만, 아이들의 경우 생으로 먹으면 소화가 잘 안 될 수 있어 삶은 밤을 사용한다. 밤은 알이 굵으며, 손으로 눌렀을 때 단단해서 푹 들어가지 않고, 윤기 나는 것이 좋다.

밤은 잘 씻어 냄비에 넣고 물을 자작하게 부어 삶는다. 너무 오래 삶으면 퍽퍽해지기 때문에 12분 정도가 적당하다. 삶은 밤은 찬물에 담가 식힌 후 반으로 자른다. 작은 숟가락으로 파낸 밤 속을 푸드프로세서에 넣고 갈아 가루처럼 곱게 갈리면 레몬즙, 올리브유, 아가베 시럽, 씨를 뺀 대추야자, 소금을 한 번에 넣고 꾸덕꾸덕한 질감이 날 때까지 다시 간다. 간장을 조금씩 넣으면서 간을 맞춘다.

잼처럼 부드러운 식감을 내려면 믹서기를 써도 되지만 물 또는 아몬드 밀크를 넣어야 한다.

아몬드 밀크는 직접 만들 수 있는데 먼저 독소를 빼기 위해 아몬드를 정수된 물에 하루 정도 불려 건조기 45도에서 8~12시간 정도 말린다. 참고로 로푸드에서 견과류(호두, 캐슈너트 등)를 사용할 때 이처럼 정제 과정을 거치는 이유는 독소를 제거하고 소화 흡수를 돕기 위해서이다. 믹서기에 준비한 아몬드와 물을 넣고 간 다음, 천으로 된 넛 밀크백에 넣어 짜면 뽀얀 아몬드 밀크가 나온다. 알밤 스프레드에는 물보다 아몬드 밀크를 넣으면 더 고소하다. 완성된 알밤 스프레드는 열탕 소독한 유리병에 담아 냉장 보관하고, 필요할 때 꺼내 먹는다.

밤으로 만들 수 있는 다른 요리 _알밤 송편

재료 :
아몬드 가루 1컵, 삶은 밤 5~6개, 대추야자 5~6개, 아가베 시럽 2테이블스푼

만드는 과정 :
푸드프로세서에 아몬드 가루, 씨를 뺀 대추야자, 아가베 시럽을 한 번에 넣고 반죽 느낌의 질감이 나올 때까지 곱게 갈아 송편 반죽을 만든다. 삶은 밤 한 알을 반죽 안에 넣고 밤 모양으로 빚으면 알밤 송편 완성이다.

그림책 질문카드 놀이하기

그림책 질문카드 중 아이들의 관심을 가장 많이 받은 질문이 바로 1학년 지원이가 써낸 "작가는 왜 먹구름 모양의 바코드를 그렸을까?"였다. "어디 어디? 바코드가 어디 있는데?" 하며 아이들은 웅성거렸고, 모두 머리를 맞대고 『알밤 소풍』의 바코드를 찾기 시작했다. 내가 가져온 『알밤 소풍』 뒤표지에는 바코드 모양이 구름 모양이었다. 아이들에게 미리 얘기를 해 주지 않았더니 각자 추리를 하기 시작했다. "잘못 인쇄된 거 아니야?", "아니, 모양이 다르잖아. 똥인가?", "구름이잖아.", "아! 그 먹구름?" 아이들의 분주한 대화가 오고 갔다.

그림책 질문카드 덕분에 아이들이 궁금한 것을 발견하고, 마음껏 생각을 말하고 질문할 수 있는 분위기와 시간이 마련되었다. 기회가 된다면 바코드만 보고도 기발한 생각을 쏟아내는 아이들의 이야기를 작가에게 들려주고 싶었다. 다른 책 바코드 모양도 궁금해하는 아이들에게는 김지안 작가의 사계절 소풍 시리즈 『봄봄 딸기』, 『여름 낚시』, 『코코 스키』를 건넸다.

『봄봄 딸기』, 김지안 지음, JEI 재능교육
『여름 낚시』, 김지안 지음, JEI 재능교육
『코코 스키』, 김지안 지음, JEI 재능교육

『대추 한 알』과 대추 브라우니

가을 햇빛에 붉게 익은 대추

『대추 한 알』, 장석주 시, 유리 그림, 이야기꽃

광화문을 지날 때마다 눈에 띄는 글판이 있다. 봄, 여름, 가을, 겨울마다 바꾸는데, 그 문구를 보면서 계절을 느끼고, 힘을 얻었다. 이번 수업은 글판에 쓰여 있던 시 한 구절을 읽으며 시작했다.

"대추가 저절로 붉어질 리는 없다. 저 안에 태풍 몇 개, 천둥 몇 개, 벼락 몇 개."

그리고 장석주 시인의 시에 유리 작가가 그림을 그린 『대추 한 알』 그림책을 꺼냈다. 짧은 시 한 편을 그림으로 그려 내니 세계가 확장되었다. 시의 행간을 글 없이 그림으로만 표현한 앞부분을 지나 느리게 읽어 주었다. 그림책 마지막 장의 시 전문은 모두 함께 낭독했다. 시에 담긴 태풍 몇 개, 벼락 몇 개, 초승달 몇 낱의 의미를 아이들은 어떻게 이해했을까?

아이들과 함께 마음에 오래 머무는 구절에 밑줄을 그었다. 여섯 살 아이는 첫 문장 '저게 저절로 붉어질 리는 없다'를 고르고, 진지한 표정의 아이는 고심 끝에 '저게 저 혼자 둥글어질 리는 없다'를 수줍게 말했다. 시를 읽고, 혹시 바꾸고 싶은 부분이 있는지 물었더니 한 아이는 "시가 너무 좋아서 하나도 바꾸기 싫어요."라며 손을 내저었다. 어떤 아이는 '대추'를 '사과'로, '초승달'을 '반달'로 바꾸었다. 이유를 물으니 사과와 반달을 좋아하기 때문이란다. 그보다 더 정확한 이유가 있을까 싶어 웃음이 나왔다.

'대추'를 시로 음미했다면, 이제 본격적으로 맛볼 차례다. 그림책에 나온 연녹색 생대추와 붉게 익은 대추를 소쿠리에 담아 왔다. 요리에 쓰려면 씨부터 빼야 해서 옹기종기 모여 앉아 대추 씨를 빼며 수다를 떨었다.

"대추가 잘 안 까져요."

"이 대추 씨 심으면 대추나무가 자라는 거예요?"

"말린 대추가 의외로 딱딱해요."

"냄새 맡아 봐. 향 좋다."

"나는 대추 향 싫은데……."

씨를 뺀 대추 속은 거친 껍질과 달리 끈적거리고, 말랑하다. 대추로 만든 음식 중 아이들이 먹어 본 것으로는 대추차, 대추 칩, 약밥 위에 올린 대추 정도다. 역시 대추는 아이들에게 별로 인기가 없다. 그래서 "그럼, 초콜릿은 어때?" 하고 물으니 환호성을 지른다. 오늘 요리가 바로 초콜릿 맛이 나는 '대추 브라우니'라고 하니 표정이 밝아졌다. 실제 브라우니처럼 오븐에 굽지는 않지만 브라우니처럼 쫀득한 맛이 나는 대추 브라우니는 요리 방법도 간단하다.

씨를 뺀 말린 대추와 호두를 넣고, 단맛을 내는 카카오 가루와 아가베 시럽, 레몬즙 그리고 물과 소금을 약간 넣고 푸드프로세서에 간다. 찰지고 쫀득한 식감이 날 때까지 갈면 대추 브라우니 반죽이 완성된다.

　아이들은 푸드프로세서 소리만 들어도 재미있는지 재료들이 섞이는 모습을 보며 "회오리바람이 몰아친다.", "돌 굴러가는 소리가 난다."며 깔깔깔 웃었다. 그날 만든 대추 브라우니 한 조각에는 아이들 웃음소리가 잔뜩 담겼다.

　브라우니 반죽이 완성되면 장갑을 끼고 동글 길쭉하게 대추 모양으로 만든다. 방금까지 "나는 대추 맛없어서 안 먹어요." 했던 아이가 제일 맛있게 먹었다. 끝으로 그림책을 한 번 더 낭독하며, 『대추 한 알』을 시로, 맛으로 느꼈던 달콤 쫀득한 오후가 저물었다.

그림책과 함께 하는 요리 수업

과정	질문과 활동
탐색	◎ 그림책 관련 경험 떠올리기 　"대추 한 알이라는 시의 구절을 듣거나 본 적이 있나요?" ◎ 그림책 보고, 이야기 나누기 　"시 구절 중 어느 부분이 마음에 와닿나요?" 　"바꾸고 싶은 단어가 있다면 무엇인가요?" 　— 바꾼 단어에 대해 서로의 생각을 듣고, 말하기 ◎ 그림책 속 대추 탐색 및 효능 이해하기 　— 생대추와 말린 대추 비교하고 탐색하기 　(만지고, 색깔 살펴보고, 반으로 자르고, 냄새 맡고, 맛보기 등) 　— 말린 대추 씨 빼서 속살과 분리하기
전개	◎ 대추 브라우니 만들기 　— 아이들과 함께 대추 브라우니 재료 준비하기 　— 대추와 준비한 재료를 갈아 대추 브라우니 만들기 　— 함께 먹기, 정리하기
확장	◎ 시 그림책 낭독하기 　— 대추 마이크 만들기 　—『대추 한 알』그림책 낭독하기 　— 다른 시 그림책 찾아 읽어 보기

초콜릿 맛이 나는 대추 브라우니

재료 :
말린 대추 1컵, 호두 1/2컵, 카카오 가루 4테이블스푼, 아가베 시럽 3테이블스푼, 물 2테이블스푼, 레몬즙 1테이블스푼, 소금 약간

필요한 도구 :
푸드프로세서 또는 믹서기

대추는 수확할 때가 되면 껍질이 연녹색에서 붉은빛이 감도는 갈색으로 변한다. 햇볕에 말리거나 기계로 건조한 대추를 흐르는 물에 깨끗이 씻고, 반으로 잘라 안에 든 대추 씨를 뺀다. 말린 대추는 껍질이 딱딱해서 씨를 발라내기가 쉽지 않은데, 1시간 정도 물에 불려 놓으면 수월하다. 가위나 칼을 사용할 때는 손이 다치지 않도록 조심한다.

씨를 뺀 말린 대추는 쓸모가 많다. 잘게 썰어 바싹 건조하면 대추 칩이 되고, 차로 끓여 마시면 몸을 따뜻하게 해주어 감기 예방에도 좋다. 하지만 대추를 싫어하는 아이들을 위해 초콜릿 맛이 나는 대추 브라우니를 만들기로 했다.

씨를 뺀 말린 대추와 호두, 카카오 가루, 소금을 푸드프로세서에 한 번에

넣고 가는데 대추의 울퉁불퉁 거친 표면 때문에 달달 소리가 난다. 푸드프로세서가 없다면 힘이 센 믹서기도 괜찮다. 내용물이 가루처럼 변하고, 대추 향이 난다 싶을 때 아가베 시럽, 물, 레몬즙을 넣고 쫀득하고 찰진 질감이 날 때까지 갈아 반죽을 만든다. 완성된 브라우니 반죽을 꺼내 손으로 조물조물 뭉쳐 대추 모양으로 빚는다. 쪼글쪼글한 대추 표면까지 표현하면 진짜 대추처럼 보인다. 파이처럼 넓적 동그랗게 만들어 칼로 잘라서 먹어도 좋다.

대추로 만들 수 있는 다른 요리 _대추 설탕

재료 :
말린 대추

만드는 과정 :
말린 대추의 씨를 제거한 다음 식품 건조기에 넣고, 45도에서 12시간 동안 한 번 더 바짝 말린다. 두 번 건조한 대추를 물기가 없는 믹서기에 넣고 고속으로 갈면 황설탕 같은 향과 대추 맛이 나는 특별한 대추 설탕이 완성된다. 믹서기를 사용할 때는 보통 액체가 필요하지만, 바짝 마른 재료의 경우 물 없이 갈면 분쇄기처럼 작동하면서 가루가 된다.

시 그림책 낭독하기

'시'는 혼자 읽는 것도 좋지만, 같이 낭독하면 또 다른 울림이 있다. 『대추 한 알』 시 낭독회를 열기로 한 이유도 그 때문이다. 시 한 편을 릴레이처럼 이어서 낭독하기로 했고, 아이
들은 자신이 낭독할 구절을 고심해서 골랐다. 낭독회가 시작되기 전 아이들은 목소리를 가다듬고 밖에 나가서 연습하고 올 만큼 순수하고 열정적으로 준비했다. 그동안 나는 막대에 대추를 끼워 대추 마이크를 만들었다. 은은한 조명 아래 『대추 한 알』 낭독회가 열렸다. 짧은 울림과 떨림의 시간이 흘렀고, 청중이 되어 준 어른들은 박수로 화답했다.

시 그림책을 읽고 나면 마음이 편안해지고, 바쁜 일상에 숨을 고를 작은 틈이 생긴다. 요즘에는 아이들이 어른들보다 더 바쁘다. 시 읽기 참 좋은 가을날, 여유가 필요한 아이들에게 선물하면 좋을 시와 노랫말 그림책 『달팽이 학교』, 『시리 동동 거미 동동』, 『눈 내리는 저녁 숲가에 멈춰 서서』를 건넸다.

『달팽이 학교』, 이정록 시, 주리 그림, 바우솔
『시리 동동 거미 동동』, 전래동요, 권윤덕 그림, 창비
『눈 내리는 저녁 숲가에 멈춰 서서』, 로버트 프로스트 글, 수잔 제퍼스 그림, 살림어린이

『꽃 · 사과』와 사과꽃 타르트

입 안 가득 피어나는 사과향

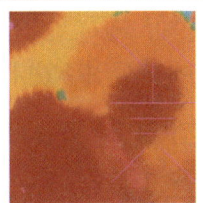

『꽃·사과』, 김윤경 지음, 반달

예전에 비해 글 없는 그림책이 많이 출간되고 있다. 볼 때마다 그림책에 오래 머물 수 있는 시간을 선물받는 느낌이다. 아이들과는 글 없는 그림책을 어떻게 볼 수 있을까? 설명을 보태는 것이 오히려 그림책 감상을 방해할까 조심스럽다. 그런 걱정을 무릅쓰고 꼭 건네고 싶은 책은 김윤경 작가의 첫 번째 작품 『꽃·사과』이다. 표지의 제목만 봐도 『꽃·사과』 글자가 나란히 있지 않고, 앞뒤에 '꽃'과 '사과'가 따로 있다. 왜 이 책을 앞으로 봐도 뒤로 봐도 되는 그림책이라 했는지 알 수 있었다.

그림책을 보며 아이들에게 새롭게 느끼는 점을 물었다.
"글이 없고 그림만 있어요."
"바코드가 책등에 있어요. 원래 다른 책은 뒷장에 있는데."
"뒷장이 어디야? 앞은?"
"안쪽 종이가 붙어 있어요. 찢어도 돼요?"
"요렇게 보면 종이 안에 그림이 있어요."
숨어 있는 보물을 찾듯 하나씩 다른 점을 발견했다. 이때다 싶어 보면 볼수록 궁금하게 하는 그림책을 만든 작가의 이야기를 아이들에게 들려주었다. 꽃을 좋아하고 사과를 좋아하는 작가는 봄날의 빨간 양귀비꽃을 보고 자신도 모르게 가을날 사과를 떠올렸고 그것을 그림책으로 표현했다고 한다.

작가처럼 연상해 보기 위해 테이블 위에 분홍 카네이션, 흰색과 노란색이 섞인 아스트로 메리아, 보랏빛 스토크, 하얀 안개꽃, 개나리색 프리지아를 담은 꽃바구니와 키위, 바나나, 사과, 배, 딸기, 자몽을 담은 과일 바구니를 올려 두었다. 하나씩 좋아하는 꽃을 고르고, 작가처럼 떠오르는 과일을 선택하고, 거기서 연상되는 단어들을 써 내려갔다.

한 아이가 자신이 쓴 단어를 읽어 주는 동안 모두 귀를 기울이며 고요히 집중했다.

"리시안스, 자몽, 아스트로 메리아, 두리안, 장미, 에이드, 배, 거북이, 키위, 벽돌."

단어에 담긴 이야기를 들으며 장미가 들어간 에이드를 마셔 본 적이 있고, 이사를 앞두고 집에 관심이 많아져 요즘 종이상자로 모형 벽돌집을 만들고 있다는 사실을 알았다. 아무 관련 없어 보이는 단어의 나열이지만 아이에게는 나름의 이유와 의미가 있었다.

이어서 '사과' 하면 시나몬 향이 가득한 애플파이가 떠오르지 않느냐며 오븐을 사용하지 않고 만들 수 있는 사과꽃 타르트를 소개했다. 먼저 한가득 가져온 사과를 손으로 만지며 관찰했다. 가로, 세로로 잘라 보고, 사과 씨앗도 살폈다. 사과꽃은 구하지 못해 사진으로 대신했다. 사과꽃 타르트는 크게 맨 아래 부분의 크럼블과 그 위에 바르는 시나몬 글레이즈 그리고 사과꽃을 이용해서 만든다. 크럼블은 먼저 호두, 아몬드를 푸드프로세서에 넣고 간 다음 여기에 건포도와 바닐라 엑기스, 물을 넣고 다시 곱게 갈아서 타르트 틀에 꾹꾹 눌러 담아 만든다. 그 위에 시나몬 글레이즈를 바른 후, 얇게 썰어 건조한 사과 조각을 이불처럼 덮어 준다. 장식으로 올릴 사과꽃은 미리 썰어 말려 둔 사과 조각 7~8개를 겹쳐 돌돌 말면 꽃이 완성된다. 건조하지 않은 사과는 물기가 많아서 말리지 않는다.

아이들은 '사과꽃'을 만들고 나서 제일 뿌듯해했다. 처음에는 어려워하지만 몇 번 해 보더니 예쁘게 잘 만들었다. 자신이 원하는 만큼 꽃을 만들어서 사과 타르트를 꾸미는데, 넓게 만들면 생일케이크가, 작게 만들면 컵케이크가 된다. 오븐에 구운 것처럼 노릇노릇한 색깔을 나타내기 위해 시나몬 가루와 아가베 시럽을 섞어 만든 황금빛 소스를 골고루 발랐다. 사과 타르트를 맛보니, 입안 가득 사과꽃이 핀 듯하다.

그림책과 함께 하는 요리 수업

과정	질문과 활동
탐색	◎ 그림책 살펴보기 　"글 없는 그림책을 보면 어떤 느낌이 드나요?" ◎ 그림책 보고, 이야기 나누기 　"일반 그림책과 다른 독특한 점이 있나요?" 　"사과를 보면 어떤 것이 떠오르나요?" 　"작가처럼 꽃과 사과를 따라 연상해 볼까요?" 　— 질문에 대해 서로의 생각을 듣고, 말하기 ◎ 그림책 속 사과 탐색하고, 사과꽃 사진 보기 　— 사과 관찰하고 탐색하기 　　(만지고, 색깔 살펴보고, 반으로 자르고, 냄새 맡고, 맛보기 등) 　— 사과꽃 사진 보기
전개	◎ 사과꽃 타르트 만들기 　— 아이들과 함께 사과꽃 타르트 재료 준비하기 　— 요리 시연을 보고 직접 사과꽃 타르트 만들기 　— 함께 먹기, 정리하기
확장	◎ 글 없는 그림책 깊이 읽기 　— 『꽃·사과』 읽고 짧은 글 쓰고 이야기 나누기 　— 글 없는 그림책 찾아 읽기

꽃인 듯 사과인 듯 고운 사과꽃 타르트

재료 : 크럼블 - 아몬드 1컵, 호두 1컵, 건포도 1/2컵, 바닐라 엑기스 1티스푼, 물 2테이블스푼
시나몬 글레이즈 - 코코넛 설탕 1테이블스푼, 레몬즙 1테이블스푼, 시나몬 2티스푼

필요한 도구 : 푸드프로세서, 믹서기, 식품 건조기, 분리되는 타르트 틀, V 슬라이서, 시럽을 바르는 솔

사과꽃 타르트는 아래 부분에 해당하는 크럼블과 그 위에 바르는 시나몬 글레이즈를 각각 만든다. 크럼블은 호두, 아몬드를 푸드프로세서에 넣고 보슬보슬한 가루가 될 때까지 간다. 여기에 건포도와 바닐라 엑기스, 물을 넣고 다시 갈아 반죽이 되면 타르트 틀에 꾹꾹 눌러 담는다. 코코넛 설탕, 레몬즙, 시나몬을 믹서기에 넣고 갈아 만든 끈적한 시나몬 글레이즈를 크럼블 위에 바른다. 시나몬 글레이즈가 없는 경우 초코 크림이나 코코넛 크림으로 대신한다.

다음은 씨를 제거한 사과를 4등분해서 V 슬라이서로 얇게 썰어 조금씩 겹치도록 놓아 크럼블을 덮는다. 마지막 사과 조각으로 꽃을 만드는 일이 남았다. 사과꽃에 사용되는 사과는 얇게 썰어 식품 건조기 45도, 15분 정도

살짝 건조시킨다. 약간 마른 사과를 7~8장 정도 위로 겹치게 깔아 놓고 돌돌 말아 꽃을 만들어 타르트 위에 올려 장식한다. 여기에 시나몬 가루와 아가베 시럽을 섞은 소스를 표면에 바르면 사과의 색감이 살아 있는 사과꽃 타르트 완성이다.

사과로 만들 수 있는 다른 요리 _사과 푸딩

재료 :
사과 1개, 코코넛 크림 1/2컵, 치아씨드 2테이블스푼, 레몬즙 1티스푼, 아가베 시럽 2테이블스푼

만드는 과정 :
사과와 코코넛 크림을 푸드프로세서로 곱게 갈아 그릇에 담고 치아씨드, 레몬즙, 아가베 시럽을 넣고 함께 섞는다. 냉장고에 1시간 정도 두면 푸딩처럼 말랑하고 쫀득해진다.

글 없는 그림책 읽고 짧은 글쓰기

글 없는 그림책을 볼 때는 아이들과 더 오래 이야기를 나눈다. 그림책이 씨앗이라면 아이들은 그것으로 이야기꽃을 피운다. 그 과정에서 새로운 아이디어가 떠오르면 즉석에서 글쓰기를 해 본다. 과일과 꽃을 연결하고 떠오르는 단어를 생각나는 대로 쓰는 시간을 아이들이 좋아해서 자신이 쓴 단어 중 가장 마음에 드는 2개를 골라 짧은 글을 써 보았다.

사과와 장미

신지원

사과는 꼭지가 녹색이고 껍질이 빨간색이고 안은 하얀색이라 장미와 비슷하다. 장미는 꽃이 빨간색이고 잎은 녹색이고 장미 안에는 하얀색이므로 사과와 비슷하다. 나는 그래서 사과하면 장미가, 장미 하면 사과가 떠오른다.

아쉬움이 남는다는 아이들에게 처음으로 글 없는 그림책의 매력을 느끼게 해 준 『파도야 놀자』, 시드니 스미스의 그림이 돋보이는 『거리에 핀 꽃』, 빨간색과 보라색의 의미를 생각하며 보면 더 재밌는 『머나먼 여행』을 보여 주었다.

『파도야 놀자』, 이수지 지음, 사계절
『거리에 핀 꽃』, 존아노 로슨 글, 시드니 스미스 그림, 국민서관
『머나먼 여행』, 애런 베커 지음, 웅진주니어

『달 케이크』와 단호박 무스

자꾸만 손이 가는 달 케이크

『달 케이크』, 그레이스 린 지음, 보물창고

까만 바탕에 노란 케이크가 눈길을 확 끄는 그림책 『달 케이크』의 작가는 중국계 미국인이다. 작가의 딸이 중국의 전통 과자인 월병 사진을 보고 "엄마 진짜 달 같아요!"라고 외친 한마디에서 그림책이 시작되었다. 검은 머릿결의 엄마와 딸, 잠옷에 총총히 박힌 반짝거리는 노란별이 만드는 색의 대비가 돋보이는 『달 케이크』는 몽환적이고 동양적인 느낌을 물씬 풍긴다.

    이 책은 읽으면 읽을수록 새로운 것들이 보인다. 책을 덮은 겉싸개를 벗기면 표지와는 다른 그림이 나오고, 꼬마 별이가 케이크를 몰래 먹은 걸 엄마에게 들킬까 성급히 나간 마음을 혼자 남겨진 토끼 인형으로 나타낸 장면 등을 볼 때마다 이야깃거리가 생겼다. 무엇보다 별이가 야금야금 달 케이크를 먹을 때마다 함께 맛보고 싶은 마음이 커졌다. 아이들과 그림책을 읽고 달처럼 마음에 두둥실 떠오르는 장면이 있는지 물었다.

    "첫 장면이요. 엄마가 케이크를 들어 올리는 모습이 꼭 달을 하늘에 띄우는 것 같아요."

"별이가 냠냠 케이크를 먹고 부스러기를 흘리는 장면이요. 별이 하늘에서 떨어지는 모습이 떠올라요."

"저는 엄마랑 별이가 케이크 만드는 장면이요. 저도 만들어 보고 싶어져요."

똑같은 그림책을 읽어도 아이들 마음에 남는 장면이 모두 다른 걸 보면 참 신기하다.

"선생님, 여기 앞 면지랑 뒤 면지 그림이 똑같아요."

"정말 그러네. 왜 그럴까?"

"음, 케이크를 만들었다가 다 먹어 버리고, 또 만들잖아요. 그러니까 앞에 면지는 처음 케이크를 만드는 걸 말하고, 뒤 면지는 다 먹어서 다시 만드는 걸 보여 주는 거예요."

옆에 있던 친구가 맞장구를 쳤다.

"저도 그런 것 같아요. 그림책 내용이랑 똑같잖아요. 만들었다가 다 먹어서 없어졌으니까 또 만들어야 하는 게."

"그림책에서 케이크를 만드는 게 제일 중요하니까 그 장면을 두 번 넣은 게 아닐까요?"

다른 의견을 말하는 아이도 있어서 설명을 덧붙였다.

"달이 일정한 주기로 모습을 바꾸며 순환하잖아. 그처럼 작가는 별이와 엄마가 만들었던 케이크도 먹으면서 조금씩 모양이 변하고 없어지지만 다시 둥글게 만들 수 있다는 것을 면지를 통해 비유적으로 표현한 게 아닐까?"

자리를 옮겨 달 케이크를 닮은 '단호박 무스'를 만들기 시작했다. '무스(Moose)'는 프랑스어로 '거품'을 뜻한다. 주재료를 크림처럼 부드럽게 만들어 컵에 담아 먹거나 케이크 틀에 넣어 먹을 수 있다. 가장 중요한 건 '노란색'을 내는 거다. 어떤 과일이나 채소를 넣어야 달빛을 닮은 노란색이 나올까? 바나나, 망고, 파인애플, 레몬, 삶은 단호박, 노란 파프리카를 준비해 강판에 갈아 보고, 즙을 내며 색깔과 맛, 식감을 고민했다. 단호박과 망고가 가장 예쁘고 맛있었는데 날씨가 쌀쌀해지고 있어서 따뜻한 기운의 단호박을 선택했다. 단호박은 삶아서 준비하고 코코넛 오일, 대추야자, 아가베 시럽, 물과 소금 약간을 푸드프로세서에 넣고 갈았다. 뻑뻑해서 잘 갈리지 않을 땐 코코넛 크림을 넣어 주면 부드러워진다.

노란 단호박 무스가 완성되면 둥근 케이크 틀에 담고 초록색 해바라기 씨 또는 하얀 햄프씨드를 솔솔 뿌려 냉동실에 1시간 정도 얼려 단호박 무스 케이크를 완성한다. 바닥이 분리되는 케이크 틀을 사용하면 꺼내기 편하다. 딱 한 입만 먹고 집에 가져가기로 했는데 주인공 별이의 마음을 알 것 같다. 자꾸만 손이 가 보름달만 한 단호박 무스 한 판을 다 먹어 버리고 말았다. 그래도 괜찮다. 달이 다시 차는 것처럼 케이크도 다시 만들면 되니까!

그림책과 함께 하는 요리 수업

과정	질문과 활동
탐색	◎ 그림책 살펴보기 — 그림책의 겉싸개 그림과 표지 그림 비교해 보기 ◎ 그림책 보고, 이야기 나누기 "여러분 마음에 떠오르는 장면은 무엇인가요?" "앞 면지와 뒤 면지의 그림이 똑같은 이유가 무엇이라고 생각하나요?" — 질문에 대해 돌아가며 서로의 생각을 듣고, 말하기 ◎ 그림책 속 '달 케이크'를 만들 수 있는 과일이나 채소 탐색하기 — 노란 색깔의 과일과 채소 살펴보기 (파인애플, 망고, 파프리카, 바나나 등) (만지고, 반으로 자르고, 냄새 맡고, 맛보고, 색깔 만들어 보기 등) — 요리 재료 선택하기
전개	◎ 단호박 무스 만들기 — 아이들과 함께 단호박 무스 재료 준비하기 — 삶은 단호박에 준비한 재료를 넣은 단호박 무스 만들기 — 함께 먹기, 정리하기
확장	◎ 달의 위상 컵 만들기 — 그레이스 린 작가 홈페이지 살펴보기 — 달의 위상을 볼 수 있는 컵 만들기 — 케이크를 소재로 한 그림책 찾아 읽기

소원을 비는 마음을 담은 단호박 무스

재료 :
단호박 1/4개, 대추야자(곶감으로 대체 가능) 1개, 물 1/2컵, 아가베 시럽 3테이블스푼, 코코넛 오일 1/4컵, 소금 약간

필요한 도구 :
푸드프로세서, 믹서기, 분리되는 케이크 틀

단호박은 생으로 자르면 단단해서 잘 잘리지 않는데 이때 전자레인지에 살짝 돌리면 자르기 더 수월하다. 단호박을 반으로 썰어 속을 파내고 6조각으로 자른다. 삶은 단호박을 쓸 경우에는 찜통에 물을 넣고 끓이다가 수증기가 올라오면 단호박을 넣고 10분 정도 찐다. 껍질이 위를 향하게 해야 단호박이 흐물거리거나 질퍽해지지 않는다. 중간에 젓가락으로 찔러 보고 다 익었다 싶으면 꺼낸다.

단호박 무스를 만들 때 껍질을 같이 갈아도 되지만, 선명한 노란색을 원한다면 녹색 껍질을 벗긴다. 잘 쪄낸 단호박과 대추야자, 물, 아가베 시럽, 코코넛 오일, 소금 약간을 푸드프로세서에 넣고 간다. 더 부드럽게 만들고 싶다면 코코넛 크림을 추가하면 된다.

완성된 단호박 무스 반죽을 케이크 틀에 넣고 꾹꾹 눌러 담은 후 원하는 경우 코코넛 크림을 발라도 된다. 마지막으로 초록 해바라기 씨 또는 햄프씨드를 뿌려서 냉동실에 1시간 이상 두면 단호박 무스 케이크가 된다. 좀 더 오래 얼리면 아이스크림 케이크 같다. 로푸드 케이크의 경우 꼭 분리되는 케이크 틀을 이용해야 나중에 틀에서 케이크를 분리하기 쉽다.

단호박으로 만들 수 있는 다른 요리 _단호박 볼

재료 :
잘게 썬 생단호박 1컵, 코코넛 가루 2테이블스푼, 대추야자 4개, 시나몬 가루 약간

만드는 과정 :
생단호박을 썰어서 푸드프로세서에 넣고 곱게 간다. 잘 갈렸으면 나머지 재료들을 함께 넣어 다시 갈고 반죽처럼 만들어서 500원짜리 동전 크기 정도의 공 모양을 만든 후 코코넛 가루를 묻힌다. 식품 건조기 45도에서 3시간 건조시켜 단호박 볼을 완성한다.

달의 위상 변화를 볼 수 있는 컵 만들기

외국 작가들의 경우 작가 홈페이지에 자신의 작품으로 할 수 있는 활동이나 워크시트를 올려놓는 경우가 있어서 『달 케이크』 작가 그레이스 린의 홈페이지(www.gracelin.com)
를 살펴보았다. Books 메뉴에서 『달 케이크』 그림책을 찾으니 투명한 커피 컵으로 달의 위상 변화를 알아볼 수 있는 워크시트가 있었다. 저작권 걱정 없이 자료를 받을 수 있고, 영상도 있어 영어를 몰라도 보면서 쉽게 만들 수 있었다. 준비물은 16온스의 투명 컵 두 개, 달의 위상 변화 워크시트, 스카치테이프, 검은색 사인펜, 가위만 있으면 된다. 컵을 오른쪽으로 돌릴 때마다 달의 모양이 바뀌고, 아래쪽에는 변해가는 달을 바라보는 주인공 별이가 보인다.

별이는 달을 보며 무슨 생각을 하고 있을까? 소원을 비는 거라 말하는 아이에게 소원이 뭐냐 물었더니 "케이크 더 먹고 싶어요." 한다. 준비한 재료가 모두 떨어져 대신 『모두를 위한 케이크』, 『딱 한 입 만 먹어 볼까?』, 『꽃 피는 숲 속 케이크 가게』를 권했다. 그러면서 재밌는 케이크 책을 찾으면 꼭 말해 달라고 부탁했다.

『모두를 위한 케이크』, 다비드 칼리 글, 마리아 덱 그림, 미디어창비
『딱 한 입만 먹어 볼까?』, 마이클 로젠 글, 케빈 월드론 그림, 국민서관
『꽃 피는 숲 속 케이크 가게』, 아라이 에쓰코 글, 구로이 겐 그림, 책빛

그림책과 함께 하는 가을 요리

『씨앗 세 알 심었더니』와 무 피클

찬바람이 불기 시작하는 11월. 단맛과 시원한 맛이 가장 두드러지는 가을 무가 생각나서 토끼들이 커다란 무를 들고 가는 표지가 눈길을 끄는 그림책 『씨앗 세 알 심었더니』를 준비했다. 아이들에게 재밌는 장면을 물어보니 토끼가 아삭아삭 무를 먹고 꺼억 트림을 하고 방귀를 뿌웅 뀌는 모습을 골랐다. 같이 보면서 무는 소화를 돕는 효소와 식이섬유가 풍부해서 천연소화제로 불린다고 말했다. 즉석에서 무를 강판에 갈아 즙을 맛보고, 깍둑썰기로 썰어서 피클을 만들면서 무 하나를 뚝딱 해치웠다.

『**씨앗 세 알 심었더니** 』
고선아 글, 윤봉선 그림, 보림

로푸드 무 피클
재료 : 자색 양배추 1/8개, 무 1개, 식초 1컵, 물 1컵, 유기농 설탕 4테이블스푼, 소금 1테이블스푼, 통후추 조금

만드는 과정 : 잘게 자른 자색 양배추와 깍두기처럼 썰어 놓은 무를 다른 재료와 함께 큰 볼에 넣고 섞는다. 유기농 설탕이 녹을 때까지 계속 저어 주다가, 모두 녹으면 열탕 소독한 유리병에 담는다. 하루는 상온에 보관하고 이튿날부터 냉장고에 넣고 일주일간 숙성시켜서 먹는다.

『낙엽 스낵』과 채소 스낵

가을 하면 단풍놀이를 빼놓을 수 없다. 동물들도 마찬가지다. 그림책 『낙엽 스낵』의 고라니도 숲으로 가을 나들이를 떠난다. 낙엽과 꽃잎, 열매들을 줍더니, 모은 낙엽들은 시냇물에 깨끗이 씻어 돗자리에 널어 두고 햇볕을 오븐 삼아 굽고 있다.

그림의 색감도 곱지만 정성스럽게 만든 낙엽 스낵을 멧돼지, 다람쥐, 산토끼, 들고양이, 작은 애벌레와 나누어 먹는 고라니의 따스한 마음이 더 곱다. 그림책을 보고 떨어진 낙엽을 가져와 작가처럼 콜라주 작업도 해보고, 친구들과 나누어 먹을 바삭하고 고소한 채소 스낵을 만들었다.

『낙엽 스낵』
백유연 지음, 웅진주니어

채소 스낵

재료 : 당근, 파프리카, 가지, 연근 등 스낵으로 만들고 싶은 각종 채소 각각 1개, 아마씨 가루 1/3컵, 소금 1티스푼

만드는 과정 : 당근, 파프리카, 가지, 연근과 같은 채소를 깨끗이 씻고 손질해서 최대한 얇게 썬다. 여기에 물을 살짝 묻혀 털어 낸 다음, 아마씨 가루를 살살 뿌려서 식품 건조기 45도에서 10시간 건조한다.

『세상에서 가장 맛있는 무화과』와 무화과 타르트

영화 '쥬만지'의 원작 작가로 알려진 '크리스 반 알스버그'의 그림책은 조각한 듯 세밀하게 그린 그림이 특징이다. 환상적인 판타지를 풀어낼 때, 독자들이 실제 일어날 수 있는 일처럼 느낄 수 있도록 하기 위함이었다. 『세상에서 가장 맛있는 무화과』도 기대를 저버리지 않았다. 아이들과 그림책을 읽고 잘 익어 말랑해진 무화과를 맛보고 요리를 했다. 뒷이야기가 더 있을 것만 같아 아이들과 상상의 이야기를 실컷 만들어 보았다.

『세상에서 가장 맛있는 무화과』
크리스 반 알스버그 지음, 미래아이

무화과 타르트
재료 : 크럼블 - 무화과 1/2컵, 아몬드 1컵, 호두 1컵, 물 2테이블스푼
무화과 크림 - 코코넛 설탕 1테이블스푼, 레몬즙 1테이블스푼, 무화과 1/2컵
만드는 과정 : 푸드프로세서에 호두와 아몬드를 같이 넣고 간다. 적당하게 으깨졌다 싶을 때 무화과와 물을 넣어 다시 갈면 타르트의 바닥 부분 크럼블이 완성된다. 그 위에 무화과, 코코넛 설탕, 레몬즙을 푸드프로세서에 넣고 갈아 만든 무화과 크림을 넉넉히 붓고 냉장고에서 20분 정도 굳힌다.

『곶감 줄게, 눈물 뚝!』과 곶감 호두 말이

떫은 감이 맛난 곶감으로 변하는 과정을 마음씨 넉넉한 할머니와 동물 친구들의 이야기를 통해 보여 주는 그림책이다. 뱅글뱅글 감을 돌려 가며 껍질을 깎고, 기다란 줄로 감꼭지를 묶어 처마 밑에 매다는 장면을 아이들과 여러 번 보면서 따라 했다. 시간이 흘러 햇빛과 바람을 받아 하얀 분이 생기는 맛있는 곶감이 될 것이다. 미리 준비한 곶감으로 '곶감 호두 말이'를 만들었다. 맛을 보는데 『곶감 줄게, 눈물 뚝!』의 반달곰이 곶감을 먹고 눈물을 뚝 그친 이유를 알 것 같다. 곶감의 달짝지근한 맛에 금세 기분이 좋아졌다.

『곶감 줄게, 눈물 뚝!』
김황 글, 홍기한 그림, 천개의바람

곶감 호두 말이

재료 : 곶감 1컵, 호두 1컵

만드는 과정 : 곶감은 씨를 빼고 푸드프로세서에 넣고 간다. 그리고 도마에 넓게 펼친 다음 속 재료인 호두를 위에 올리고 돌돌 만다. 5분 정도 냉장고에 둔 다음 김밥 자르듯이 먹기 좋은 크기로 자른다. 곶감의 달콤한 맛과 호두의 고소함이 잘 어울리는 곶감 호두 말이가 완성이다.

겨울날의 그림책 테이블

새하얀 눈을 볼 수 있는 겨울이다. 춥고 쌀쌀한 겨울이 되면 살아 있는 것들은 각자의 방식으로 겨울을 난다. 개구리와 곰은 겨울잠을 자고, 무나 연근, 고구마, 당근의 작물은 땅속에서 얼지 않기 위해 자신의 몸을 촘촘하고 단단하게 만든다. 우리는 어떻게 겨울을 보내면 좋을까? 함께 그림책을 읽고, 음식을 만들어 나누어 먹는 정다운 온기가 추운 겨울날을 버티는 큰 힘이 될 거라 믿으며, 그림책과 요리를 골랐다.

뜨거운 아랫목에서 만화책 보듯이 깔깔거리며 볼 수 있는 『고구마구마』와 손이 귤인지, 귤이 손인지 구분하기 어려울 정도로 귤을 즐겨 먹는 이들을 위한 『귤 사람』, 그리고 모든 장면에서 당근이 빠지지 않는 『토끼의 당근 당근 당근』과 보기만 해도 힘이 불쑥 솟아날 것만 같은 『아기 힘이 세졌어요』를 선택했다. '고구마 코코넛 볼'과 '당근 팝콘'은 주전부리용으로 먹기 좋은 겨울 간식이고, '아보카도 샐러드'와 '귤 케이크'는 크리스마스처럼 특별한 날의 식탁에 어울린다. 이제 추운 겨울도 끄떡없다.

겨울의 레시피

『귤 사람』
귤 케이크

『아기 힘이 세졌어요』
아보카도 샐러드

『토끼의 당근 당근 당근』
당근 팝콘

『고구마구마』
고구마 코코넛 볼

『귤 사람』과 귤 케이크

그냥 먹고, 구워 먹고, 말려 먹는 귤

『귤 사람』, 김성라 지음, 사계절

그림책을 만나는 것도 사람처럼 인연이 있다. 혜화동에 있는 서점 '위트 앤 시니컬'에 간 날은 제주도에서 귤을 딸 사람을 구한다는 기사를 신문에서 읽은 날이었고, 요즘 감귤은 꿀처럼 달다고 해서 '꿀'이라는 말이 유행하던 때였다. 책을 사고 계산하던 곳에서 김성라 작가의 독립출판물 『눈사람 귤사람』이 눈에 들어왔다. 그 인연으로 나는 그림책 『귤 사람』을 기다렸다가 2020년 1월에 만났다.

아이들에게도 『눈사람 귤사람』을 먼저 보여 주고, 가져온 귤과 이쑤시개로 자신의 아바타 귤 사람을 만들며 수업을 시작했다. 옹기종기 책상 위에 '귤 사람'들이 모이니 『귤 사람』을 읽기 딱 좋은 분위기다. 이 책은 띠지가 표지의 일부처럼 만들어진 점이 독특해서 일부러 벗기지 않았다.

한 페이지에 5~6컷의 그림과 글이 만화처럼 이루어져 꽤 도톰한 두께를 자랑하지만 깨끗한 바탕과 편안한 색감 덕분에 전혀 지루하지 않다. 그리고 수첩에 적어 두고 싶은, 마음에 물결을 일으키는 문장이 많아 '파도 문장'이라 부르고, 서로 나누었다.

"꽁꽁 얼어 다 멈춰 있는 것 같지만 실은 나도 모르게 천천히 따뜻한 곳으로 가고 있는 계절."

"좋은 것은 좋은 것을 부를 것이다."

"꽃귤을 따내다 보면 내가 맡은 나무는 어느새 초록 잎만 가득하다."

"겨울이 눈을 부르고 있다."

그림책을 덮으니, 작가가 머물렀던 제주도에 내려가 귤을 한 바구니 딴 듯했다. 그 느낌을 그대로 안고 우리는 바구니에 담긴 귤을 꺼내서 반은 까고, 반은 먹었는데, 귤의 겉을 자세히 살펴보고, 가로로 세로로 잘라 관찰하고, 다른 모양과 크기의 귤을 서로 비교했다. 그림책에서 난로에 귤을 구워 먹는 장면이 생각나 몇 알은 껍질을 까 귤과 귤껍질을 식품 건조기에 살짝 말려 두었다.

이제 본격적으로 '귤 케이크'를 만들 시간이다. 아몬드 가루, 레몬즙, 아가베 시럽, 구기자 가루, 물 약간을 푸드프로세서에 넣고 갈면 찰기 있는 쫀득한 반죽처럼 변한다. 이것을 꺼내 빵 반죽을 밀듯이 넓게 펴서 귤 한 개를 넣고 통째로 감싸면 귤 케이크 완성이다. 손으로 꾹꾹 눌러 감쌀 때 아이들은 "귤 반죽 붙일 때 촉촉하고 말랑말랑한 느낌이 좋아요." 하며 웃기도 하고 "이거 보세요. 야구공 같죠? 한 손으로 귤 케이크 잡았을 때 이 묵직한 감이 좋은데."라며 정성껏 케이크를 만들었다. 반죽이 떨어지지 않게 꼼꼼하게 귤 모양을 만든 다음 이쑤시개로 겉을 콕콕 찍어 주면 실제 귤처럼 울퉁불퉁한 질감이 살아난다. 마지막으로 로즈마리 같은 허브를 올리면 초록색 귤 꼭지처럼 보인다. 냉장고에 잠시 두어 굳힌 다음 하얀 접시 위에 놓으니 먹기에 아까울 만큼 예뻐서 맛보기 한참 망설였다. 과감하게 한 입 먹은 아이들은 "우와!" 하며 감탄했다.

귤 케이크는 만들고 나서 바로 먹어야 맛있다는 말에 기쁜 마음으로 하나를 뚝딱했다. 다 먹고 나니 아까 건조기에 넣어 둔 귤이 생각났다. 시원한 케이크를 먹고 구운 귤을 먹으니 몸이 따뜻해졌다. 더 달콤해진 구운 귤을 먹는 사이, 한 아이가 질문했다.

"왜 작가는 그림책 제목을 귤 사람이라고 했을까?"

"사람들이 귤을 하도 많이 따서 귤이 될 것 같아서 아닌가? 나도 지금 손이 누렇다고."

"작가가 귤을 좋아해서, 귤을 좋아하는 사람이라는 뜻에서?"

"그림책에 귤이 엄청 많이 나오잖아. 귤 따는 사람도 많이 나오고. 그래서 귤 사람이야."

접시 위의 귤이 사라지는 사이 아이들의 맛있는 대화는 풍성해지고 있었다.

그림책과 함께 하는 요리 수업

과정	질문과 활동
탐색	◎ 작가의 다른 그림책 『눈사람 귤사람』 읽고 활동하기 — 그림책에 나오는 귤 사람 만들기 ◎ 그림책 보고, 이야기 나누기 "그림책의 형식이 다른 책과 어떻게 다른가요?" "마음에 물결을 일으키는 파도 같은 문장이 있나요?" "그림책을 다 읽은 느낌을 맛으로 표현한다면?" — 질문에 대해 서로의 생각을 듣고, 말하기 ◎ 그림책 속 귤 탐색 — 귤 관찰하고 탐색하기(만지고, 색깔 살펴보고, 반으로 자르고, 냄새 맡고, 맛보기 등) — 귤과 귤껍질 건조해 두기
전개	◎ 귤 케이크 만들기 — 아이들과 함께 귤 케이크 재료 준비해서 만들기 — 귤 케이크와 구운 귤 꺼내 맛보기 — 정리하기
확장	◎ 귤껍질 활용하기 — 말린 귤껍질로 귤피차 만들기 — 귤을 소재로 한 그림책 찾아보기

노란 귤을 닮은 상큼한 귤 케이크

재료 :
귤 2개, 캐슈너트 또는 아몬드 가루 1컵, 레몬즙 1테이블스푼, 아가베 시럽 2테이블스푼, 구기자 가루 3테이블스푼, 로즈마리 허브 잎

필요한 도구 :
푸드프로세서, 개인용 작은 도마

귤은 껍질을 까서 통째로 냉장고에 보관한다. 그 사이 아몬드 가루, 레몬즙, 아가베 시럽, 구기자 가루를 한 번에 푸드프로세서에 넣고 돌려 귤 케이크 반죽을 만든다. 노란 구기자 가루는 귤 색깔을 내기 위한 건데, 없다면 쑥 가루를 만들 때처럼 말린 귤껍질을 푸드프로세서로 갈아서 넣어도 된다.

귤 케이크 반죽이 가루처럼 부스러지지 않고 잘 뭉쳐지면 덩어리를 나누어 아이들의 도마에 올려 준다. 손이나 밀대를 이용해 반죽을 넓적하게 편 다음 그 위에 냉장고에서 꺼낸 귤을 넣고 반죽으로 감싼다. 귤이 보이지 않게 꼼꼼하게 반죽을 덮고, 이쑤시개로 콕콕 찍어 오톨도톨한 귤의 표면을 표현한다. 마지막에 로즈마리 허브 잎으로 귤의 꼭지를 만든다.

귤 모양과 똑닮은 귤 케이크를 냉장고에 15분 정도 둔다. 귤 케이크는 열에 약해서 시간이 지나면 금방 녹아 버리기 때문에 냉장고에서 꺼내서 바로 먹는 게 제일 맛있다.

귤로 만들 수 있는 다른 요리 _ 귤 젤리

재료 :
귤

만드는 과정 :
껍질을 깐 귤을 일일이 낱알로 떼어서 식품 건조기 45도에 11~12시간 동안 건조하면 겉은 바싹 마르고, 안은 촉촉한 귤 젤리가 완성된다. 추운 겨울날 새콤달콤한 귤 젤리는 자꾸만 손이 가는 간식이다.

귤껍질로 만든 귤피차와 보석귤로 만든 귤 칩

귤 한 알에도 태풍, 장마로부터 지켜낸 농부의 시간과 노력이 담겨 있다. 그 마음을 생각하며 농약을 쓰지 않고 재배한 노지 감귤을 구해 깐 귤은 요리에 쓰고, 껍질은 잘 씻어 건조기에 말렸다. 구운 귤은 젤리처럼 야금야금 먹고, 말린 껍질은 가위로 잘라 귤피차를 만들었다. 귤껍질과 생강을 뜨거운 물에 끓여 우려내면 귤빛 나는 차가 완성되는데, 겨울철 감기에 좋다. 기호에 따라 꿀을 타서 마시면 좋다. 또한 제주도에 가면 '보석귤'이라는 이름으로 파는 귤이 있는데, 가로로 썰어 건조기에 바짝 말리면 바삭한 귤 칩을 맛볼 수 있다.

어느 것 하나 버릴 것 없는 귤은 종종 그림책의 소재가 된다. 처음에 아이들에게 소개했던 김성라 작가의 『눈사람 귤사람』과 감귤이 기차가 되는 상상력이 돋보이는 『감귤 기차』, 귤 배꼽이라는 독특한 소재로 이야기를 풀어나가는 『거인 아저씨 배꼽은 귤 배꼽이래요』를 더 소개했다.

『눈사람 귤사람』, 김성라 지음, 위트앤시니컬
『감귤 기차』, 김지안 지음, JEI재능교육
『거인 아저씨 배꼽은 귤 배꼽이래요』, 후카이 하루오 지음, 한림출판사

『아기 힘이 세졌어요』와 아보카도 샐러드

힘이 솟는 아보카도

『아기 힘이 세졌어요』, 존 버닝햄 지음, 한솔수북

『아기 힘이 세졌어요』의 원작 제목은 'Avocado Baby(아보카도 베이비)'다. 아보카도 베이비가 누구일까 궁금해 『존 버닝햄 - 나의 그림책 이야기』를 보니, 세 아이의 아빠였던 존 버닝햄의 막내딸 에밀리가 이야기의 모델이었다. 에밀리는 그림책에 등장한 하그레이브스 아저씨네 아기처럼 병약한 아이는 아니었지만, 어릴 때부터 아보카도 열매를 좋아했고, 몸이 튼튼했다고 한다. 여기서 아이디어를 얻어 작가는 허약했던 아기가 아보카도를 먹고 힘이 세진 이야기를 만든 게 아닐까?

누구에게나 먹고 나서 힘이 났던 음식 혹은 건강에 좋다고 해서 먹었던 음식이 있다. 그림책을 읽기 전 아이들에게도 비슷한 경험이 있는지 물었다.

"엄마가 눈에 좋다고 블루베리를 매일 세 알씩 먹으라고 해서 먹었어요."

"감기 걸렸을 때 어린이집 선생님이 배도라지 차를 주셨어요."

"할머니가 끓여 주신 시래기국을 먹으면 힘이 나요."

아이들의 말이 끝나자, 여기에 아보카도를 먹고 힘이 세진 아이가 있다고 말하며 그림책을 펼쳤다. 파란 우주복을 입은 아기가 역도를 번쩍 든 표지부터 심상치 않다. 면지에 아보카도가 나오자 자기가 좋아하는 과일이라고 반가워하는 아이도 있다.

아보카도는 예전에 우리나라에서는 보기 힘든 과일이었는데, 요즘에는 대형 마트에 가면 살 수 있다. '숲속의 버터'라고 불리며 단백질이 풍부해서 아이들 이유식에 많이 쓴다. 그림책 속 하그레이브스네 아저씨와 아줌마도 아기가 밥을 잘 먹으려 하지 않아 고민하다가 우연히 곱게 짓이긴 아보카도를 아기한테 주면서 이야기가 시작된다.

아보카도를 맛있게 먹어 치우고 힘이 세진 아기는 집에 들어온 도둑을 쫓아내고, 엄마가 장 보는 걸 돕고, 고장 난 차를 뒤에서 밀어주고, 아이들을 괴롭히는 동네 심술쟁이들을 번쩍 들어 올려 연못에 풍덩 빠뜨린다. 힘이 세지는 것도 중요하지만 약한 사람들을 돕고, 나쁜 사람을 혼내주는 데 그 힘을 쓴다는 점이 눈에 띄었다.

아이들은 하그레이브스네 아기의 모습에 자신을 투영하며 통쾌함을 느꼈다. 아이들에게 만약 힘이 세지면 무엇을 하고 싶은지 물었다.

"우리 집이 곧 이사하는데, 가구를 번쩍 들어 옮기고 싶어요."

"친구들을 도울 때 쓸 거예요."

"엄마가 맨날 동생을 업고 다녀서 힘드니까, 내가 엄마를 업어주고 싶어요."

그림책을 읽고 난 다음이라서 그런지 아이들도 강해진 힘을 가족, 친구, 엄마를 위해 쓰고 싶다고 했다.

이제 정말 힘이 세질 것만 같은 아보카도를 이용해 샐러드를 만들 차례다. 먼저 아보카도의 악어 배 같은 표면을 만지고 살펴보았다. 누구는 공룡 알 같다고 한참 매만지고, 어떤 아이는 독특한 냄새가 난다고 킁킁댔다. 아보카도는 먹으려면 일단 반을 갈라 왕사탕만 한 씨앗을 뺀 다음, 숟가락을 이용해 과육을 파내야 한다. 파낸 아보카도 과육, 그리고 준비한 몇 가지 채소와 과일을 다진다. 여기에 따로 만든 샐러드 소스를 같이 버무리면 완성이다. 아까 아보카도 속살을 발라낸 껍질은 버리지 않고 그릇으로 사용했다.

부드러운 식감의 아보카도와 아삭거리는 채소가 새콤달콤한 소스와 제법 잘 어울린다. 아이들에게 음식을 맛본 소감을 물었다.

"맛은 어때? 힘이 좀 나는 것 같아?"

"생각보다 괜찮네요."

이건 가장 솔직한 표현이었을 것이다.

"아직 잘 모르겠어요. 더 먹어봐야겠어요."라고 말한 아이에게는 반가워하며 샐러드를 얼른 더 담아 주었다. 아보카도 샐러드를 맛있게 먹고, 좀 더 힘이 세져서 다른 사람을 돕고 싶다는 마음을 잃지 않기를 마음속으로 바랐다.

그림책과 함께 하는 요리 수업

과정	질문과 활동
탐색	◎ 그림책 관련 경험 떠올리기 　"어떤 음식을 먹고 힘이 난 적이 있나요?" ◎ 그림책 보고, 이야기 나누기 　"아이가 어떻게 힘이 세졌나요?" 　"아이가 힘이 세져서 한 일의 공통점은 무엇인가요?" 　"내가 힘이 세진다면 무엇을 하고 싶은가요?" 　― 질문에 대해 서로의 생각을 듣고, 말하기 ◎ 그림책 속 아보카도 탐색 및 효능 이해하기 　― 아보카도 열매 관찰하고 탐색하기(만지고, 색깔 살펴보고, 반으로 자르고, 냄새 맡고, 맛보기 등) 　― 아보카도 열매의 효능 이해하기
전개	◎ 아보카도를 맛있게 먹을 수 있는 샐러드 만들기 　― 아이들과 함께 아보카도 샐러드 재료 준비하기 　― 준비한 재료를 다져 아보카도 샐러드 만들기 　― 함께 먹기, 정리하기
확장	◎ 아보카도 씨앗 기르기 　― 그림책 면지와 뒤표지 다시 보기 　― 아보카도 열매가 나는 과정 이해하기 　― 아보카도 씨앗 수중 재배 준비하기

힘이 솟는 아보카도 샐러드

재료 : 샐러드 - 잘 익은 아보카도 2개, 다양한 과일과 채소(토마토, 셀러리, 파프리카, 바나나 등)
샐러드 소스 - 식초 1/4티스푼, 간장 1티스푼, 레몬즙 1티스푼, 고춧가루 1/2티스푼

필요한 도구 : 칼, 도마, (필요한 경우) 야채 다지기

아보카도는 색이 검붉은 빛을 띠고 만졌을 때 말랑말랑한 것이 바로 먹기에 좋다. 한가운데 단단한 씨가 들어 있어 약간의 손질이 필요하다. 잘 씻은 아보카도를 세로 방향으로 놓고, 가운데 부분에 칼을 넣으면 딱딱한 씨앗이 느껴진다. 씨를 따라서 칼을 움직여 반을 가른 다음 두 손으로 비틀면 껍질이 벌어지며 반으로 쪼개진다. 씨를 제거한 다음 숟가락을 이용하면 깔끔하게 과육을 파낼 수 있다.

아보카도 과육과 다양한 과일, 채소를 손가락 한 마디 정도의 크기로 먹기 좋게 썬다. 칼 대신 야채 다지기를 사용할 수 있다. 야채 다지기는 샐러드 재료를 넣고 줄을 잡아당기면 안쪽의 칼날이 돌아가면서 내용물이 잘게 썰린다. 시간도 절약되고, 주의사항만 지키면 아이들이 쓰기에 안전하고 편

리하다.

샐러드에 뿌릴 소스는 식초, 간장, 레몬즙, 고춧가루를 섞어 만든다. 매운맛이 싫으면 고춧가루를 빼도 된다. 아보카도가 뭉개지지 않게 샐러드 재료와 소스를 살살 버무린다. 아보카도 샐러드는 그릇에 담는 것보다 과육을 파낸 아보카도 껍질 그릇에 담는 것이 보기도 좋다.

아보카도로 만들 수 있는 다른 요리 _아보카도 초코 무스

재료 :
잘 익은 아보카도 1개, 반건시 3테이블스푼, 아가베 시럽 2테이블스푼, 카카오 가루 2테이블스푼, 캐롭 가루 1테이블스푼

만드는 과정 :
숟가락으로 으깬 아보카도와 다른 재료를 모두 푸드프로세서에 한 번에 넣고 간다. 이때 물을 여러 번 나누어 넣으며, 질감을 확인한다. 단맛은 아가베 시럽으로 조절하고, 크림 같은 느낌이 나면 꺼내서 투명 컵에 담는다. 완성된 아보카도 초코 무스는 과자 스틱에 찍어 먹으면 맛있다.

수중재배로 아보카도 씨앗 틔우기

『아기 힘이 세졌어요』를 읽은 다음 면지를 보라고 했다. 아보카도 씨앗에서 잎이 나고, 열매를 맺고 그 위에서 아기들이 뛰어놀고 있는 그림이 나온다. 우리나라는 기후가 달라 아보카도가 열매를 맺기 어렵다고 하지만 싹이 트는 경우는 종종 있다고 한다. 아보카도 씨앗에 꼬치 막대기를 꽂아 아랫부분만 살짝 물에 잠기게 하면 수중재배할 수 있다. 14일이 지난 뒤 싹이 트면 화분에 옮긴다. 아보카도 씨앗에서 싹이 나길 기대하며 씨앗을 심어 보고 싶은 생각이 드는 그림책을 건네주었다. 면지에 작가의 깜짝 선물이 기다리고 있는 『상추씨』, 작은 참외씨가 해내는 일을 보며 자신의 대단한 점을 찾아볼 수 있는 『대단한 참외씨』와 씨앗의 시작과 끝, 순환하는 과정을 한 편의 시처럼 즐길 수 있는 『씨앗은 어디로 갔을까?』이다.

『상추씨』, 조혜란 지음, 사계절

『대단한 참외씨』, 임수정 글, 전미화 그림, 한울림어린이

『씨앗은 어디로 갔을까?』, 루스 브라운 지음, 주니어랜덤

『토끼의 당근 당근 당근』과 당근 팝콘

아삭아삭 싱싱한 당근

『토끼의 당근 당근 당근』, 케이티 허드슨 지음, 키즈엠

당근을 어마어마하게 좋아하는 토끼가 있다. 토끼의 방 책장에는 '당근 요리법', '당근 시집', '당근 재배의 모든 것'이 꽂혀 있고, 오늘의 할 일도 '당근 먹기, 당근 심기, 당근 모으기' 등 토끼의 머릿속은 온통 당근에 관한 것들뿐이다. 『토끼의 당근 당근 당근』이라는 제목을 보며 "왜 당근이란 말을 세 번이나 넣었을까?"라고 물으며 수업을 시작했다. 공룡을 좋아해서 공룡을 다 모은다는 아이는 "토끼가 당근을 너무 좋아해서요."라며 공감하고, 산처럼 쌓인 당근 더미에 올라간 표지를 보며 "토끼가 욕심쟁이라는 걸 보여 주려고요."라고 말하는 아이도 있었다.

집 안 가득 들여놓은 당근 때문에 결국 토끼는 자신의 집에서 잠도 못 자고 거북이와 새, 다람쥐 친구들의 집을 찾아가 도움을 구한다. 하지만 친구들의 집도 당근으로 채우는 바람에 결국 마지막 비버의 오두막까지 무너지고 만다. 토끼가 자신 때문에 친구들이 모두 집을 잃게 된 것 같아 미안해하는 장면에서 잠시 멈추고, 아이들과 다음 이야기를 예상했다.

"다 같이 비버네 오두막을 다시 지어 줄 것 같아요."
"토끼네 집은 괜찮잖아요. 집에 초대하지 않을까요?"
"집이 당근으로 꽉 차서 어떻게 들어가?"

다음 장을 넘기니 토끼가 큰 결심을 한다. 넘치는 당근으로 당근 주스, 당근 머핀, 당근 케이크를 만들고 접시에 생당근을 가득 담아 파티를 연다. 당근을 마음껏 먹은 친구들의 배가 볼록하다. 파티를 열고도 여전히 많은 토끼의 당근을 바라보는 아이들 눈앞에 당근을 내밀었다.

"짜잔! 애들아, 토끼가 우리에게도 당근을 나눠 주었어."

토끼네 집 앞마당에서 막 뽑은 듯한 초록 이파리가 달린 흙 당근이었다. 당근 잎도 된장에 찍어 먹거나 상추처럼 쌈으로 싸 먹을 수 있다. 하지만 마트에서 흔히 보는 당근은 깔끔하게 다듬어진 세척 당근이다. 아이들에게 진짜 땅에서 막 뽑아낸 흙 묻은 잎 당근을 보여 주고 싶어 준비한 것이다.

둥글게 모여 앉아 흙을 털어내고 물로 씻으면서 당근을 많이 먹어서 토끼가 눈이 좋은 거라고, 당근을 자주 먹으면 토끼처럼 똥 많이 싼다고 수다를 떨면서 당근을 다듬었다. 당근은 길게 썰어 그냥 먹고, 착즙기로 당근 주스도 만들었다. 다음은 토끼네 파티에는 없던 '당근 팝콘'을 만들 차례였다. 사과 당근 주스, 당근 케이크를 먹어 본 아이들은 있었지만 당근 팝콘은 처음 들어 보는 요리라고 했다. 당근 팝콘은 당근 주스를 만들고 난 후, 남은 찌꺼기인 당근 펄프를 쓸 방법을 고민하던 중 개발했다.

　착즙 후 물기가 쫙 빠진 당근 펄프에 아가베 시럽, 호두, 건포도, 레몬즙을 큰 볼에 넣고 버무린다. 식품 건조기에 종이 호일을 깔고 당근 펄프를 펼쳐 올린 후, 건조시키면 바삭한 당근 팝콘이 완성된다. 모양이 팝콘과 비슷해서 당근 팝콘이라고 불렀다. 초콜릿 바처럼 네모 모양을 만들어서 건조시키면 '당근 팝콘 바'가 된다. 또 오트밀, 견과류를 말린 것을 섞어 만든 당근 그래놀라는 두유나 우유와 함께 먹으면 든든한 한 끼 식사가 된다. 당근 팝콘을 먹으면서 혹시 나누어 먹고 싶은 사람이 있는지 물었다.

　"엄마가 당근 좋아하시는데 갖다드리고 싶어요."

　"저랑 제일 친한 친구한테 주고 싶어요. 이제 3학년이 끝나가서 헤어지거든요."

　"제 동생이 당근을 안 좋아하거든요. 이건 맛있어서 잘 먹을 거 같아서 가져갈래요."

　먹고 싶은 마음을 꾹 참으며 동생 몫을 봉투에 담는 아이의 모습을 보다가 미리 만들어 둔 당근 팝콘을 수북이 담아 주었더니 얼굴이 확 밝아졌다. 친구들과 함께 나누면 훨씬 더 맛있고 좋다는 걸 아이들은 토끼보다 먼저 알고 있었다.

그림책과 함께 하는 요리 수업

과정	질문과 활동
탐색	◎ 그림책 제목 보고 토끼의 성격 상상하기 　"제목에 당근이라는 말이 왜 세 번이나 들어갔을까요?" ◎ 그림책 보고, 이야기 나누기 　"여러분도 토끼처럼 무척 좋아하는 게 있나요?" 　"친구들의 집을 다 잃고 토끼는 어떻게 했을까요?" 　"토끼는 왜 당근을 좋아할까요?" 　— 질문에 대해 서로의 생각을 듣고, 말하기 ◎ 그림책 속 당근 탐색 및 효능 이해하기 　— 잎 달린 흙 당근 관찰하고 탐색하기(만지고, 색깔 살펴보고, 반으로 자르고, 냄새 맡고, 맛보기 등) 　— 당근의 효능 이해하기
전개	◎ 당근 팝콘 만들기 　— 아이들과 함께 당근 손질하기 　— 당근 주스를 만들고 남은 펄프로 당근 팝콘 만들기 　— 함께 먹기, 정리하기
확장	◎ 당근 팝콘 선물하기 　— 당근 팝콘 나누고 싶은 사람 떠올리기 　— 당근 팝콘 선물 포장하고 편지 쓰기 　— 당근이 들어간 그림책 찾아보기

친구와 나누어 먹고 싶은 당근 팝콘

재료 :
당근 2개, 코코넛 가루 1컵, 아가베 시럽 5테이블스푼, 건포도 3테이블스푼, 레몬즙 1테이블스푼

필요한 도구 :
착즙기 또는 강판, 식품 건조기, 유산지 또는 테프론시트

당근을 깨끗하게 씻어 착즙기로 당근 주스를 만들고 남은 찌꺼기인 당근 펄프를 모아 둔다. 착즙기가 없다면 강판에 당근을 갈아 즙을 내고 찌꺼기의 물기를 짜 주면 건조할 때 시간을 절약할 수 있다. 당근을 잘게 채 썰어 사용할 수도 있다.

준비한 당근 펄프와 코코넛 가루, 아가베 시럽, 건포도, 레몬즙을 넣고 오목한 볼에 넣고 손으로 골고루 섞는다. 아가베 시럽은 재료를 서로 붙게 해 주는 역할을 하고, 코코넛 가루는 고소한 맛을 낸다. 취향에 따라 건포도나 말린 라즈베리를 넣는다.

당근에는 비타민C를 파괴하는 효소가 있는데 산에 약한 성질이 있어서 레몬즙을 같이 넣어 먹으면 이를 막을 수 있다. 모든 재료가 골고루 잘 버무

려졌으면, 건조기 선반 위에 유산지나 테프론시트를 깔고 당근 펄프를 넓게 펼쳐서 깐다. 아이들이 직접 할 때는 처음부터 한입 크기의 팝콘 모양으로 뚝뚝 떼어 올려도 된다. 바삭한 식감을 위해 식품 건조기 45도에 15시간 동안 바싹 건조해서 꺼내면 당근 팝콘이 완성된다.

당근으로 만들 수 있는 다른 요리 _당근 크림 스프

재료 :
당근 착즙 2컵, 생고구마 1/2개, 대추야자 1개, 아보카도 1/4개, 생강 1/2티스푼, 시나몬 파우더 1티스푼

만드는 과정 :
착즙한 당근 주스와 준비한 재료를 믹서기에 한꺼번에 넣고 부드러운 스프 느낌이 날 때까지 곱게 간다. 불을 쓰지 않고도 당근 향이 진한 당근 크림 스프가 완성된다.

당근 팝콘 선물하기

당근 팝콘을 만들어 나누고 싶은 사람에게 선물하기로 했다. 봉투에 담아 포장하는데 한 아이가 "선생님, 혹시 편지 써도 돼요?"라고 물었다. 편지지와 연필을 건네니 쓱쓱 무언가를 쓰기 시작했다. 누구에게 보내는지 조심스레 물으니 사촌 동생이라고 한다. 지난번에 같이 놀자고 했는데 엄마가 밤이 늦었다고 못 놀게 해서 사촌 동생이 서운해서 울었단다. 그게 마음에 걸려서 동생에게 당근 팝콘을 주고 싶다고 했다.

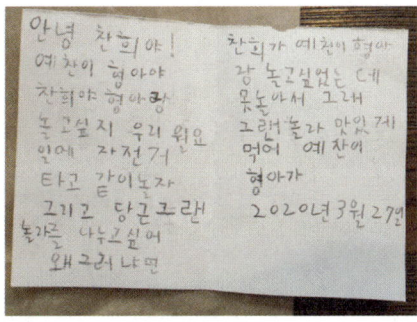

나는 선물 봉투에 동생에게 읽어 주면 좋을 당근이 나오는 그림책 『오싹오싹 당근』, 『좋아질 것 같아』, 『당근이지』도 함께 담아 주었다.

『오싹오싹 당근』, 애런 에리놀즈 글, 피터 브라운 그림, 알에이치코리아
『좋아질 것 같아』, 이모토 요코 지음, 문학동네어린이
『당근이지』, 해바라기 지역 아동센터 친구들 지음, 베틀북

『고구마구마』와 고구마 코코넛 볼

진짜 맛나는 고구마구마

『고구마구마』, 사이다 지음, 반달

겨울만 되면 생각나는 그림책이 있다. 뜨거운 방바닥에 배 깔고 누워 먹던, 먹고 나면 꼭 목이 메어 다시 몸을 일으키게 했던 고구마를 소재로 한 사이다 작가의 『고구마구마』이다. 책 속 모든 문장이 '~구마'로 끝나는 이 그림책은 읽는 과정 자체가 말놀이 같아서 소리 내어 읽으면 더 재밌다. 먼저 그림책의 중심 소재이자 오늘 요리의 주인공인 고구마를 스무고개로 소개했다. 아이들이 질문하면 나는 '예', '아니오'로 대답했다. "과일입니까?", "맛있습니까?"는 괜찮았는데 마지막 "감자의 친구입니까?"라는 질문에서 웃음이 터졌다. 스무고개의 정답이 담긴 그림책 『고구마구마』를 펼쳐 읽기 시작했다. 고구마를 땅에서 쑥 뽑는 첫 장면부터 마음에 든다.

땅에서 캔 고구마는 어떤 것은 둥글고, 길쭉하고, 털이 나고 모습은 각각 다르지만 삶아도, 구워도, 튀겨도 모두 맛있다는 걸 익살스런 고구마의 표정과 재치 넘치는 말로 보여 준다. 반복되는 말에 중독성이 있는지 그림책을 다 보고도 친구들끼리 "그림책이 재밌구마.", "고구마 먹고 싶구마."라며 이야기를 나누기에 『고구마구마』

처럼 말놀이 글을 써 보자고 했다. 시를 쓰는 간단한 방법 중 하나인 '발견한 시(Found Poetry)'를 안내했다.(김난령 선생님 '그림으로 글쓰기' 강의 수업 중 일부를 활용했습니다.) 인터넷 검색창에 '고구마'를 입력하면 고구마에 대한 백과사전식 설명이 한 페이지 정도 나온다. 그 안에서 마음에 드는 단어 10개를 골라 따로 적어 둔 다음, 그 단어를 이용해서 고구마를 주제로 시를 쓴다. 시의 끝을 '~구마'로 하기로 미리 약속했다. 아이들은 처음 해 본 방식이었지만 자신이 고른 '단어'를 재료로 '시'라는 요리를 조물조물 완성했다. 갓 수확한 아이들의 시가 익어가는 동안, 나는 밭에서 캐온 고구마를 꺼냈다. 땅에서 쑥 뽑아낸 줄기에 고구마가 주렁주렁 달린 모습이 그림책에 나온 모습 그대로였다.

"어? 고구마 잎이 진짜 보라색이네?" 하며 이파리를 만져 보는 아이가 있는가 하면 "고구마가 이렇게 여러 개 달려 있어요?"하며 깜짝 놀라는 아이도 있었다.

"그림책 마지막 장 보면 고구마를 물에 담가서 싹을 틔우잖아. 그걸 땅에 심으면 이렇게 고구마가 된다니까."

직접 고구마를 키우고 캐 봤던 아이는 친구들한테 실감 나게 설명했다. 고구마를 다듬는 아이들의 손이 더 조심스럽다. 엉킨 줄기를 살살 풀고, 줄기도 먹는다고 들었다며 따로 담아두었다. 요리에 쓸 고구마를 모으며 자연스럽게 고구마를 관찰하고 탐색했다. 그림책에 나온 것처럼 털이 있는지 손으로 만지고, 흙냄새도 맡고, 고구마가 뿌리 채소라는 걸 눈으로 확인했다. 생으로 고구마를 맛볼 때는 밤고구마, 호박고구마, 자색고구마도 같이 준비했다. 고구마랑 비슷하게 생긴 야콘도 가져와서 아삭한 식감을 즐겼다.

본격적으로 '고구마 코코넛 볼'을 만들기 위해 남은 고구마를 깨끗이 씻어 커다란 찜통에 쪘다. 젓가락으로 콕 찍어서 말랑해졌다 싶으면 꺼내서 식힌 후 껍질을 벗긴다. 찐 고구마를 썰어서 살짝 말리면 더 달고 맛있다. 그렇게 겉은 꼬들하고 속은 부드러워진 고구마를 으깨서 푸드프로세서에 넣고 바나나, 대추야자, 시나몬 가루, 아가베 시럽을 넣어 갈았다. 빵 반죽처럼 되면 꺼내서 한입에 쏙 들어갈 크기로 동글하게 만든 다음 데굴데굴 굴려 하얀 코코넛 가루를 묻혀 건조시키면 '고구마 코코넛 볼'이 완성된다.

아이들은 고구마 칩, 고구마 말랭이는 먹어 봤어도 코코넛 가루가 들어간 고구마 요리는 처음이라고 했다. 아이들은 맛을 보더니 "맛있구마." 했고, 나는 "다행이구마."로 화답했다. 시식을 마친 아이들이 고구마 시를 돌아가면서 읽는 동안 간식으로 먹기 좋은 '고구마 코코넛 볼'을 더 담아 곁에 놓았다.

그림책과 함께 하는 요리 수업

과정	질문과 활동
탐색	◎ 그림책 관련 스무고개 놀이하기 　"그림책 소재는 무엇일까요?" ◎ 그림책 보고, 고구마 소재의 시 쓰기 　"과일입니까?" 　"갈색입니까?" 　— 질문에 답하며 정답 알아내기 　— 백과사전의 고구마 설명 중 단어 10개 고르기 　— 단어를 이용해 '~구마'로 끝나는 고구마 시 쓰기 ◎ 그림책 속 고구마 탐색 및 맛보기 　— 뿌리채소 고구마 관찰하고 탐색하기(만지고, 색깔 살펴보고, 반으로 자르고, 냄새 맡기 등) 　— 밤고구마, 자색고구마, 호박고구마 비교하고 맛보기
전개	◎ 고구마 코코넛 볼 만들기 　— 아이들과 함께 고구마 다듬고, 재료 준비하기 　— 으깬 고구마를 동그랗게 만들어 고구마 코코넛 볼 만들기 　— 함께 먹기, 정리하기
확장	◎ 고구마구마 시 발표하기 　— '발견한 시(Found Poetry)' 방법으로 쓴 시 발표하기 　— 친구의 시에 공감하고 덧글 달기 　— 고구마를 소재로 한 그림책 찾아 읽기

동글동글 가루옷 입은 고구마 코코넛 볼

재료 :
찐 고구마 1개, 바나나 1개, 코코넛 가루 1컵, 대추야자 3~5개, 시나몬 가루 1티스푼, 아가베 시럽 1티스푼

필요한 도구 :
푸드프로세서, 식품 건조기

생고구마를 써도 되지만, 아이들을 위해 익힌 고구마를 준비했다. 고구마를 물에 넣고 삶으면 물컹해져서 찌는 방식을 택했다. 잘 씻은 고구마를, 김이 오른 찜기에 넣고 20분 정도 푹 쪄냈다. 넣기 전에 고구마의 양쪽 끝을 잘라 주면 수분이 빠져 단맛이 더해진다.

찐 고구마의 껍질을 벗기고 썰어서 건조기에서 살짝 말리면 고구마 말랭이가 된다. 몇 개는 말랭이로 먹으려고 두고, 나머지는 고구마 코코넛 볼을 만들기 위해 잘게 으깨고 다졌다. 여기에 바나나, 대추야자, 시나몬 가루, 아가베 시럽을 푸드프로세서에 모두 넣고 간다. 바나나가 고구마의 퍽퍽한 식감을 부드럽게 해 주고, 대추야자와 아가베 시럽이 달콤함을 보탠다. 재료가 쫀득한 질감의 반죽이 되었다 싶으면 꺼내서 한 번 더 주무르며 뭉쳐

준다. 완성된 반죽을 축구공처럼 동그랗게 만든 뒤에는 코코넛 가루를 담은 그릇에 굴린다. 식품 건조기에서 45도, 7시간 정도 건조하면 하얀 코코넛 가루가 눈처럼 내린 고구마 코코넛 볼이 완성이다. 고구마는 빈속에 먹으면 속이 쓰릴 수 있어 점심 후 한 입 간식으로 좋다.

고구마로 만들 수 있는 다른 요리 _고구마 초코 쿠키

재료 :
잘게 썬 고구마 1컵, 카카오 가루 1테이블스푼, 대추야자 5개, 아가베 시럽 3테이블스푼

만드는 과정 :
모든 재료를 푸드프로세서에 함께 넣고 꾸덕한 질감이 날 때까지 곱게 간다. 반죽처럼 되면 고구마 모양으로 만들어 식품 건조기에 넣고 45도에서 6시간 건조한다.

고구마에서 발견한 시 쓰기

'발견한 시'를 이용한 시를 쓰는 방법은 간단하지만 효과는 크다. 4학년 아이는 백과사전에서 찾은 '고구마' 설명 중에서 '고구마, 뿌리채소, 단맛, 여름, 꽃, 씨앗, 김치, 잎, 군고구마, 삶은, 반찬, 튀김, 줄기'를 골랐다. 그런 다음 원하는 단어를 사용하여 한 편의 시를 썼다.

다 빛나구마

신지민

고구마는 아주 달구마/ 크기도 다르구마/ 꽃이 있구마/ 고구마는 여름이 좋구마/ 군고구마도 있구마/ 삶은 고구마도 있구마/ 고구마 튀김도 있구마/ 김치, 반찬으로도 쓰구마/ 다 다르구마/ 다 빛나구마

발견한 시 방식의 글쓰기는 아이들이 부담 없이 참여할 수 있었고, 즉흥적으로 완성되는 시를 보는 설렘과 즐거움을 주었다. 멋지게 자신의 시를 낭독해 준, 고구마를 무척 좋아한다는 아이에게 『고구마구마』 작가의 특별판 『고구마유』와 고구마를 소재로 한 그림책 『군고구마 잔치』, 『아주아주 큰 고구마』를 소개하며 수업을 마무리했다.

『고구마유』, 사이다 지음, 반달
『군고구마 잔치』, 사토 와키코 지음, 한림출판사
『아주아주 큰 고구마』, 아카바 수에키치 지음, 창비

그림책과 함께 하는 겨울 요리

『쿠키 한 입의 인생 수업』과 아몬드 쿠키

"조건 없는 사랑이 무슨 말이에요? 마음이 잘 통한다는 건 어떤 뜻이에요?"라고 물을 때 건네주면 좋을 그림책 『쿠키 한 입의 인생 수업』을 크리스마스를 기다리며 읽었다. '쿠키' 하나로 다양한 말을 설명할 수 있음에 감탄했다. 아이들과는 그림책에서 자신이 가장 듣고 싶은 낱말을 골라 보고, 아몬드가 듬뿍 들어간 쿠키를 만들었다. 아름다운 글뿐 아니라 사랑스러운 그림에 푹 빠진 아이들에게 시리즈인 『쿠키 한 입의 사랑 수업』, 『쿠키 한 입의 행복 수업』, 『쿠키 한 입의 우정 수업』도 소개했다.

『쿠키 한 입의 인생 수업』
에이미 크루즈 로젠탈 글, 제인 다이어 그림, 책읽는곰

아몬드 쿠키
재료 : 아몬드 1컵, 레몬즙 3테이블스푼, 아가베 시럽 3테이블스푼, 소금 약간
만드는 과정 : 모든 재료를 푸드프로세서에 넣고 곱게 갈아 쿠키 반죽의 질감이 되면 꺼내서 손으로 동글납작하게 쿠키 모양을 만든다. 쿠키 틀을 사용해도 좋다. 식품 건조기에 넣고 45도에 7시간 건조하면, 오븐을 쓰지 않고 먹을 수 있는 로푸드 쿠키가 완성된다.

『별별 빵집의 줄무늬 잼』과 비트잼

별별 빵집의 여우 아저씨와 쥐돌이는 과일을 이용해 다양한 잼을 만든다. 어느 날 여우 아저씨는 잼들이 모두 맛있어 보여서 무엇을 사야 할지 망설이는 손님을 위해 한 번에 여러 맛을 내는 잼을 만들기로 하는데 쉽지 않다. 아이들에게 "어떻게 만들면 좋을까?" 물었더니 여러 아이디어가 나온다. 뒷부분에는 그림책에 나온 잼을 직접 만들어 볼 수 있는 레시피가 있다. 불을 사용하는 잼과 달리 로푸드 잼은 뭐가 다를지 상상하며 달달한 맛이 나는 겨울 비트를 구해 비트잼을 만들었다.

『별별 빵집의 줄무늬 잼』
고마 지음, 국민서관

비트잼

재료 : 잘게 썬 비트 1컵, 프락토 올리고당 1컵, 레몬즙 1테이블스푼

만드는 과정 : 비트는 깨끗이 씻어 껍질을 깎은 다음 다치지 않게 조심히 썰어 푸드프로세서에 넣는다. 설탕 대신 사용할 수 있는 프락토 올리고당과 레몬즙을 넣어 쫀득한 질감이 나올 때까지 간다. 생비트를 사용하면 비트 자체의 채소 맛이 더 강하고 아삭하다. 완성된 비트잼은 열탕 소독한 병에 담아 냉장 보관한다.

『레모네이드가 좋아요』와 수제 레모네이드

『레모네이드가 좋아요』는 장난꾸러기 메메 시리즈 1편 『똑똑해지는 약』의 다음 편이다. 순진하고 다른 사람 말을 잘 믿는 칠면조 '칠칠'이와 꾀가 많고 짓궂은 양 '메메'가 주인공이다. 대화체 문장이라 역할을 나누어 낭독극을 했는데 아이들은 인물의 성격을 살려 실감나게 연기했다. 매번 속아 넘어가는 칠칠이가 안쓰러워 보여 칠칠이를 위한 진짜 레모네이드를 만들었다. 톡 쏘는 탄산수에 수제 레몬 청을 넣어 만든 새콤달콤한 레모네이드는 속상한 칠칠이 마음을 풀어 주기에 충분했다.

『레모네이드가 좋아요』
마크 서머셋 글, 로완 서머셋 그림, 북극곰

수제 레모네이드

재료 : 레몬 5개, 유기농 설탕 3컵

만드는 과정 : 레몬은 베이킹소다를 이용해서 깨끗하게 씻은 후 1개는 감자칩처럼 얇게 썰고, 나머지 레몬 4개는 자몽이나 오렌지를 통째로 넣고 즙을 내는 스퀴시를 이용해 착즙해서 레몬즙으로 만든다. 자른 레몬과 레몬즙을 같이 넣고 설탕으로 버무린다. 설탕이 모두 녹으면 열탕 소독한 유리병에 넣고 상온에 하루 두면 수제 레몬 청이 만들어진다. 수제 레몬 청은 냉장 보관하고 탄산수에 타서 마시면 새콤달콤한 레모네이드를 맛볼 수 있다.

『작은 배추』와 배추겉절이

밭이랑을 따라 배추 떡잎 하나가 싹을 틔우더니, 속잎이 자라면서 알이 차고, 배추의 모양새를 갖춘다. 하지만 밭에 있던 큰 배추들은 모두 트럭에 실려 가고, 작은 배추 하나만 넓디넓은 언덕 밭에 혼자 남는다. 다행히 늘 곁에 있어 주던 감나무의 다정한 응원 속에서 작은 배추는 샛노란 꽃을 피운다. '감나무'와 '작은 배추'의 따스한 관계를 보며 생각나는 사람을 떠올리고, 겨울 김장용 배추 중 가장 작은 배추를 골라 사과가 들어간 겉절이를 만들었다.

『작은 배추』
구도 나오코 글, 호테하마 다카시 그림, 길벗어린이

배추겉절이

재료 : 배추 1통, 사과 1개, 고춧가루 4테이블스푼, 물 4테이블스푼, 설탕 1테이블스푼, 다진 마늘 1테이블스푼, 생강즙 1/2테이블스푼, 통깨 1테이블스푼

만드는 과정 : 김장철에 아이들과 가볍게 만들어 보기 좋은 음식인 '배추겉절이'를 만들기 위해서는 배추는 잘게 썰고 사과는 채를 쳐서 준비한다. 여기에 나머지 재료로 만든 양념 소스를 넣고 버무린다. 아삭하고 달콤한 사과가 겉절이의 매운맛을 덜어 주어 아이들도 제법 잘 먹을 수 있는 배추겉절이가 된다.

그림책 요리 수업을 마치다

봄, 여름, 가을, 겨울 사계절이 지나 그림책 요리 수업이 끝났다. 하나의 씨앗이 열매가 될 만큼의 시간이었다. 아이들에게는 어떤 의미였을까? 아이들과 이야기를 나누었다.

사랑눈 : 우리 처음 만났을 때 기억나? 그림책 요리 수업이 뭐냐고 물어서 내가 그림책 읽고 요리하는 수업이라고 했었지.

민지 : 제가 물어봤어요. 왜냐면 저는 책을 읽다가 여기 나온 요리를 만들어 보고 싶다는 생각을 한 적이 있거든요. 에밀의 크리스마스 파티에 나온 음식이라던가 빨강 머리 앤이 먹던 케이크는 무슨 맛일까 궁금했어요. 그래서 그림책 요리 수업 있다는 말 듣고 엄마한테 꼭 해보고 싶다고 했어요.

사랑눈 : 수업은 어땠어?

민지 : 그림책을 보다가 요리로 넘어갈 때 음…… 이야기에 쏙 빠지는 느낌이었어요. 제가 꼭 책 속 주인공이 된 것 같은.

사랑눈 : 그럼 지원이는 어땠어? 예전에 했던 그림책 수업과 다르다고 말했었는데.

지원 : 그림책 읽고 요리 하다 보면 시간이 금방 가요. 그림 보고, 말하고, 친구들 얘기 듣고. 재료 다듬고, 기계 돌리고, 맛보고 아무튼 오감을 다 쓴다고 해야 하나? 만들기나 그리기 같은 독후 활동은 학교에서 많이 해서 좀 지루했는데 여기서는 제 손으로 요리를 많이 해서 그런지 끝나고 나면 뭔가 뿌듯했어요.

지민 : 맞아요. 보통 요리 수업 가면 위험하니까 선생님이 거의 다 해 주시거든요. 케이크 만들 때도 보면 빵이나 생크림을 다 만들어 놓으면 우리는 꾸미기만 하면 돼요. 여기는 불을 안 쓰니까 아몬드 우유도 손으로 짜서 만들고, 밤도 숟가락으로 파내고. 그렇게 직접 만들고 나면 그림책도 더 생생하게 기억나요.

은영 : 저는 친구들이랑 같이 그림책 보는 게 좋았어요. 사실 그림책 혼자 보면 금방 읽어 버리고 재미없거든요. 같이 그림책도 보고 이야기하고, 요리하고, 먹으면서 친해졌어요.

사랑눈 : 혼자 보면 왜 재미가 없어?

은영 : 나눌 수가 없잖아요. 친구랑 같이 보고 뭘 해야 이거 재밌다, 저거 재밌다, 생각을 나눌 수가 있거든요.

민지 : 저도 그림책 읽고 친구들이랑 이야기 나눈 게 생각나요. 사실 제가 학교에서 손을 잘 안 들거든요. 답은 딱 정해져 있는데 괜히 발표했다가 틀리면 어떡하나 걱정되어서 아예 안 해요. 여기서는 같이 그림책 보고 저한테 "네 생각은 어때?"라고 물어봐 주고, 질문도 만들어 보라고 하고 그런 게 편했어요. 제 이야기도 마음껏 하고, 다른

친구들 생각도 듣고요.

사랑눈 : 나도 너희 이야기 듣는 시간이 참 좋았어. 먹는 시간은 더 좋았지. 로푸드 음식은 맛있었어?

지원 : 저는 『알밤 소풍』 읽고 만들었던 '알밤 스프레드'가 진짜 맛있었어요. 그건 책도 재밌었는데. 밤을 그냥 삶아서 먹는 것보다 알밤 스프레드로 만들면 더 맛있어서 가을에 밤 나오면 엄마랑 만들 거예요.

지민 : 저는 '대추 브라우니'요. 『대추 한 알』 그림책 읽고 시도 낭독하고, 대추 씨 뺐잖아요. 원래 대추 안 먹는데 대추 브라우니는 대추 맛이 거의 안 나고 그냥 초코케이크 같았어요.

민지 : 전 복숭아 말려서 차로 우려내서 마셨던 거요. 복숭아 젤리나 복숭아 음료수를 좋아했는데 복숭아를 그대로 말려서 먹어도 맛있다는 걸 그때 알았어요.

지민 : (친구들에게) 내가 『린 할머니의 복숭아나무』를 읽고 인터뷰 할 때 린 할머니 역할 맡았잖아. 재밌었는데.

사랑눈 : 이렇게 말하다 보니까 엄청 더웠던 지난 여름이 다시 생각난다. 그림책 레시피 수업 끝나고 스스로 조금 바뀐 점이 있다고 느끼는 게 있을까?

지민 : 사실 제가 학년이 올라가면서 그림책을 점점 안 읽게 됐어요. 솔직히 글은 너무 짧고, 그림만 있는 것 같고 시시했거든요. 그림책을 꼼꼼하게 보지도 않았구요. 그런데 『달 케이크』 그림책 앞뒤 면지가 똑같았잖아요. 예전 같으면 그냥 '똑같은가 보다, 작가가 예쁘라

고 또 그렸나 보네' 넘어갔을 텐데 "왜 면지에 똑같은 장면을 그렸을까?"로 친구들이랑 이야기를 나눴잖아요. 나랑 생각이 이렇게 다를 수 있다는 거에 놀랐고, 그러고 나서 그림책이 더 재밌어졌어요. 이젠 재밌는 그림책 보고 나면 친구한테도 보여 주고 같이 이야기하고 싶어요.

사랑눈 : 그림책이랑 친해진 거네. 그럼 예전보다 가깝게 느껴지는 과일이나 채소 있어?

지원 : 당근이요. 옛날에는 당근에서 비닐이나 세제 냄새나는 것 같아서 안 먹었어요. 그런데 당근 주스 마시고, 팝콘도 만들어 먹으면서 당근이 좋아졌어요. 어색한 사이였는데 친한 친구가 된 거죠. 그런데 케일은 여전히 친하지 않아요. (다들 웃는다)

지민 : 저는 고구마가 텁텁해서 싫어했는데 고구마 코코넛 볼이 맛있어서 고구마를 다시 봤죠. 아마 요리를 직접 해서 그런가 봐요. 달라진 게 뭐냐면 예전에는 편의점에서 오렌지 주스를 사면 아무 생각 없이 그냥 마셨어요. 그런데 스무디를 직접 만들어 보니까 주스에 뭐가 들어갔는지 살펴보게 돼요. 제가 직접 만든 거랑 편의점에서 산 거랑 비교해 보기도 하고. 요리를 해 보니까 이제 음식을 보면 뭐가 들었을까 생각하게 돼요.

사랑눈 : 그렇구나. 가장 자신 있게 할 수 있는 요리는 뭐야?

민지 : 스무디요. 딸기랑 바나나, 블루베리 넣고 갈기만 하면 되고, 설탕 안 넣어도 가게에서 파는 음료수보다 맛있어요. 로푸드 요리는

도구를 사용할 줄 알면 쉽게 만들 수 있는 게 많아요.

은영 : 저는 키위 과실편이요. 집에 건조기가 있어서 딸기로 만들어 봤는데 완전 딸기 젤리예요. 하리보 젤리보다 맛있어요.

사랑눈 : 기억에 남는 그림책 있어?

지원 : 『눈물바다』를 읽고 스무디를 만들었잖아요. 마지막에 밤톨이 같은 애가 울어서 바다가 됐잖아요. 그림도 만화 같고 뉴스 기자도 바다에 떠다니고, 전 그런 책이 재밌어요.

지민 : 엄마가 수박을 썰어 주시는데 저는 '수박 수영장'이 딱 생각났어요. 우리가 만든 수박 피자랑요.

아이들의 대화는 그림책과 요리 사이를 자유자재로 오고 갔다. 누군가는 '그림책', 어떤 아이에게는 '직접 만든 음식'이 마음속에 각기 다른 크기로 자리 잡고 있었다. 아무튼 그림책과 요리가 서로를 떠올리게 해주고 있음은 분명했다. 그것으로 충분했다. 그림책 요리 수업이 낯설지 않을까 걱정했던 내게 오히려 새로워서 좋았다고 말해 주는 아이들에게 마지막으로 그림책 레시피는 무엇이었을지 물었다.

"추억이요. 그때 엄청 재밌어서 추억으로 남은 거잖아요. 추억이 있으면 다시 기다리게 돼요. 그림책 레시피 수업은 항상 기다려지는 시간이었어요."

그 추억이 어떤 아이에게는 슬픔을 덜어 주고 기쁨은 더해 주는 힘이 되었다. 혼자 머릿속으로 상상했던 수업을 아이들과 실제로 진행하면서 그들이 들려주던 생각, 그림책에 집중하던 눈빛, 시간이 흐르며 서로 친구가 되어 가는 모습을 오롯이 경험하는 건 큰 기쁨이었다.

그림책 요리 수업 Q&A

Q: 그림책 요리 수업을 하면 좋은 점은 무엇입니까?

A: 그림책을 오감으로 만날 수 있다는 점이 가장 큰 장점입니다. 그림책의 글을 귀로 듣고, 그림을 눈으로 보고, 그림책 요리 수업에서 사용하는 제철 채소와 과일의 향을 코로 맡고, 손으로 다듬어 요리하고, 마지막으로 자신이 만든 요리를 맛보는 과정에서 다양한 감각을 사용합니다. 그렇게 만난 그림책과 요리는 아이들의 마음에 더욱 생생하게 남습니다.

Q: 그림책 요리 수업에 참여한 아이들의 나이와 인원, 진행 시간이 궁금합니다.

A: 유치원에 다니는 6살 아이부터 초등학교 6학년까지 다양한 나이의 아이들이 참여했습니다. 보통 4~6명의 소규모 아이들과 그림책을 읽고, 요리하고, 정리하는 시간까지 포함해서 1시간 30분 정도 여유롭게 진행했습니다. 소규모가 아닌 20명 이상의 아이들을 대상으로 수업할 때는 모둠을 만들거나 수업의 분량을 조절했으며, 보조교사의 도움을 받을 수 있는 경우에는 함께 진행

했습니다.

Q: 그림책 활동을 할 때와 요리 수업을 할 때 구분은 어떻게 하나요?
A: 수업이 진행되는 환경에 따라 다릅니다. 수업하는 공간을 그림책을 읽고 활동하는 곳과 요리하는 곳으로 분리하거나, 같은 장소에서 수업할 경우 그림책을 읽고 요리를 하는 중간에 밝은 음악이나 종소리로 분위기를 전환하기도 합니다.

Q: 학교에서 그림책 요리 수업을 하고 싶은데 어떻게 활용할 수 있을까요?
A: 교육과정과 관련해서 저학년의 경우 통합교과 중 '가을'을 예로 들면 '가을 열매'를 주제로 그림책 『알밤 소풍』, 『대추 한 알』을 읽고 아이들과 가을 열매로 요리하기를 해볼 수 있습니다. 실과 수업이 이루어지는 고학년의 경우 '상추씨 그림책 읽기 - 상추 재배하기 - 상추 샐러드 만들기'처럼 프로젝트 수업의 일부로 구성할 수 있습니다. 수업 시간과 방식을 살펴보면, 40분 기준의 수업을 블록 타임으로 구성하거나 학교에서 40분 그림책 수업을 한 후 만드는 방법을 알려 주고, '그림책 레시피 키트'를 제공하여 집에서 해 보도록 할 수 있습니다. 원격수업의 경우에도 책은 함께 읽어 주고, 각자 요리한 후 과정이나 완성 사진을 학급의 플랫폼을 통해 공유할 수 있습니다.

그 밖에 점자 그림책이나 큰 판형의 그림책을 구하고, 불을 쓰지 않는 로푸드 요리법을 익히도록 도와준다면 특수학교나 통합학급 학생들도 그림책을 읽고 요리하는 수업을 할 수 있습니다. 학교 도서관이나 공공도서관에서도 특별한 날의 프로그램으로 그림책과 음식이 담긴 바구니를 들고 떠나는 북크닉(book+picnic)을 기획할 수 있습니다.

Q: 학교 밖 다른 곳에서도 활용할 수 있을까요?

A: 어린이집, 유치원 식생활 교육이나, 초등학교, 중학교, 고등학교의 영양 수업에서도 그림책을 활용할 수 있습니다. 이야기의 맥락을 바탕으로 건강한 식습관이나 요리 수업을 기획한다면 보다 풍성해질 수 있습니다. 농촌 체험 프로그램에서도 '텃밭에서 농산물을 수확하거나 로컬푸드를 구입한 뒤, 관련 그림책 읽고 요리하기'처럼 특색 있는 활동을 준비해서 가족이나 아이들을 대상으로 진행할 수 있습니다. 이처럼 그림책 요리 수업은 상황에 따라 자유롭게 적용할 수 있습니다. 그림책 읽기와 요리를 함께 하기에 품이 많이 드는 건 사실이지만 그만큼 아이들이 느끼는 기쁨도 커서 마치고 나면 무척 뿌듯합니다. 작은 시작이라도 꼭 해 보시길 권합니다.

Q: 음식과 관련된 주제가 아닌 다른 그림책으로도 가능할까요?

A: 네. 가능합니다. 대신 수업자가 먼저 그림책의 글과 그림을 충분히 느끼고, 요리와 유의미하게 연결해야 합니다. 예를 들어 『아침에 창문을 열면』(아라이 료지 지음, 시공주니어)을 읽고 아침을 어떻게 시작하는지 이야기를 나누고 아침에 마시면 좋을 스무디를 같이 만들어 볼 수도 있고, 『이보다 멋진 선물은 없어』(패트릭 맥도넬 지음, 나는별)를 읽고 기억에 남는 선물과 의미를 떠올리며, 선물로 줄 요리를 하는 수업을 진행할 수 있습니다.

Q: 조리도구를 다루거나 조리 과정에서 위험한 점은 없을까요?
A: 믹서기나 푸드프로세서를 사용할 때 간혹 아이들이 기계가 멈춘 줄 알고, 작동되고 있는 기계에 손을 넣거나, 스위치를 혼자 작동시키는 경우가 있습니다. 그래서 조리 도구를 사용할 때는 반드시 어른의 안내 아래 진행하고 주의 깊게 지켜봅니다. 그 밖에 요리를 하다가 손에 물기가 있을 때는 반드시 닦고, 칼이나 가위 등은 꼭 필요할 때만 꺼내 사용하고 정리합니다.

Q: 아이들과 요리 수업을 하면서 꼭 주의해야 할 점은 무엇입니까?
A: 수업 전 도구와 재료, 시간, 과정을 미리 준비하시고, 안전교육과 알레르기 확인을 잊지 않으시길 권합니다. 첫 만남 때 '안전한 수업을 위한 약속'을 아이들과 같이 소리 내어 읽고, 건강 기초 조사표를 기록해 두면 좋습니다.

감사의 말

이 책의 모든 수업은 각각 다른 그림책과 요리만큼 개성을 담고 있으며 글에서는 참여했던 아이들의 이야기를 생생하게 담고자 애썼습니다. 열여섯 번의 수업을 하는 동안 마음으로 또는 만남으로 함께 해 준 지민, 지원, 민지, 민선, 지호, 예린, 예찬, 예준, 유나, 유빈, 연재와 연우, 시현, 서현, 율려, 계현, 세아, 가윤, 건후, 은수에게 고마움을 전합니다. 책을 쓰는 동안 늘 독자분들을 생각했습니다. 책장을 덮을 때, '그림책을 읽고, 나도 한번 요리해 보고 싶다'는 마음, '책에 나온 음식은 어떤 맛일까?' 궁금함이 든다면 더할 나위 없이 좋겠습니다. 여기까지 함께 와 주신 독자분들 진심으로 감사드립니다.

김은하 선생님 덕분에 이 책을 시작할 수 있었고, 김난령 선생님께 그림책을 더 깊이 사랑하는 방법을 배웠습니다. 마법의 손을 가진 오선이 편집자에게 깊고 깊은 고마움을 전합니다. 단단한 마음으로 곁에 있어 주는 남편 미카엘과 두 아이 보나 벤뚜라와 스텔라, 목포에 있는 언니 안젤라와 형부, 든든한 오빠 시몬과 은영 언니, 고맙고, 사랑합니다. 마지막으로 끝없는 사랑과 용기를 주시는 나의 부모님 라파엘, 헬레나 두 분께 이 책을 드립니다.

사랑눈

도움 받은 곳

꼬맹이 언니네 블로그(https://blog.naver.com/cjstlsdo) : 그림책을 사랑하는 분이 운영하는 곳으로 그림책 관련 다양한 정보를 얻을 수 있는 따스하고 정직한 공간입니다.

그림으로 글쓰기 강좌 : 홍대 KT&G 상상마당 김난령 선생님의 '그림으로 글쓰기' 강좌에서 그림책 창작과 감상에 필요한 이론과 실제를 배울 수 있었습니다.

로푸드팜 : 로푸드 요리를 비롯한 다양한 채식 요리를 배울 수 있는 곳입니다.

감사의 말

로푸드를 알게 된 후 몸의 변화뿐만 아니라 만나는 사람들 인연까지 달라지기 시작했습니다. 그 인연의 힘으로 성인들의 요리 수업이었던 로푸드가 그림책까지 닿게 되었습니다. 그림책과 로푸드를 엮어 내는 작업을 통해 많은 것을 느끼고 배웠습니다. 그림책의 따뜻한 힘이 건강하고 맛있는 채소들과 만나서 아이들에게 미소를 심어 주는 현장에 함께 할 수 있었다는 것은 무엇과도 바꿀 수 없는 값진 경험이었습니다. 단순하지만 건강한 로푸드 채식요리 수업을 아이들을 위한 선물 같은 시간으로 만들어 준 사랑눈 선생님과 늘 수업에 기쁜 마음으로 참여해 준 아이들에게도 고마움을 전합니다. 끝으로 이 모든 순간을 활자로 엮어 자취를 남겨 준 오선이 편집자님께 진심으로 감사드립니다.

정화

로푸드팜

로푸드팜은 2012년 한국에서 가장 처음으로 로푸드를 알리고 로푸드 요리 수업을 진행한 채식전문 요리 공간입니다. 현재 직업능력개발원 에서 인증하는 민간자격증을 발급하여 매년 100여명의 채식요리전문가를 교육하는 기관으로 발전했습니다. 8년간 우리나라의 채식의 방향과 가치를 고민하며, 로푸드, 주스 디톡스, 채식 베이킹, 채식식당 창업반 등으로 다양한 수업을 구성하여 교육하고 있습니다. 최근에는 아이들의 식생활 교육을 위해 기존의 아동 요리를 채식요리로 레시피를 변형하여 채식 중심의 아동 요리 교육과정을 마련하여 진행하고 있습니다.

재료와 음식에 관한 그림책 목록

요리와 음식 그림책
채소·과일·텃밭 그림책
한식 그림책
빵·과자·피자·케이크 그림책

요리와 음식 그림책

『행복을 주는 요리사』, 쿄 매클리어 글, 줄리 모스태드 그림, 봄의정원
『어린이 슬로푸드 요리책』, 이자벨 프란체스코니 글, 니콜라 구니 그림, 내인생의책
『어서 오세요! ㄱㄴㄷ 뷔페』, 최경식 지음, 위즈덤하우스
『요리요리 ㄱㄴㄷ』, 정인하 지음, 책읽는곰
『맛있는 건 맛있어』, 김양미 글, 김효은 그림, 시공주니어
『킁킁 맛있는 냄새가 나』, 니시마키 가야코 지음, 시공주니어
『하늘에서 음식이 내린다면』, 쥬디 바레트 글, 론 바레트 그림, 토토북
『바다 레시피』, 윤예나 지음, 서평화 그림, 노란상상
『식당 바캉스』, 심보영 지음, 웅진주니어
『벚꽃 팝콘』, 배유진 지음, 웅진주니어
『붕붕 꿀약방 - 떡갈나무 수영장으로 오세요』, 심보영 지음, 웅진주니어
『프란시스는 잼만 좋아해』, 러셀 호번 지음, 릴리언 호번 그림, 비룡소
『줄리어스, 어디 있니?』, 존 버닝햄 지음, 현북스
『꼬르륵 냠냠』, 레베카 콥 지음, 상상스쿨
『누구나 먹는다』, 줄리아 쿠오 지음, 고래뱃속
『무엇으로 되어 있을까?』, 오모리 히로코 지음, 길벗스쿨
『모두 식탁으로 모여 봐!』, 마크 패롯 글, 에바 알머슨 그림, 웅진주니어
『오늘의 식탁에 초대합니다』, 펠리치타 살라 지음, 씨드북
『세계 음식 한입에 털어 넣기』, 김인혜 글, 조윤주 그림, 사계절
『어린 곰의 아침식사』, 김태경 지음, 앤카인드
『음식! 무슨 맛으로 먹을까?』, 잔카를로 아스카리 글, 피아 발렌티니스 그림, 토토북

채소 · 과일 · 텃밭 그림책

『맛있는 그림책』, 주경호 지음, 보림
『채소 이야기』, 박은정 지음, 보림
『잡아라, 잡아라』, 백주희 지음, 보림
『채소가 최고야』, 이시즈 치히로 글, 야마무라 코지 그림, 천개의바람

『울랄라 채소 유치원』, 와타나베 아야 지음, 비룡소
『과자가 되고 싶은 피망』, 이와카미 아이 지음, 길벗스쿨
『감자를 송송 썰어』, 야라 코누 지음, 뜨인돌어린이
『토마토』, 이단아 지음, 이야기꽃
『조금씩 방울 토마토』, 하정산 지음, 봄개울
『잠꾸러기 수잔의 토마토』, 히로노 다카코 지음, 한림출판사
『호박이 넝쿨째』, 최경숙 글, 이지현 그림, 비룡소
『14마리의 호박』, 이와무라 카즈오 지음, 한림출판사
『바나나킹』, 탁소 지음, 꼬마싱긋
『마지막 배』, 이루리 글, 김정민 그림, 북극곰
『사과를 어떻게 꺼내지?』, 기무라 유이치 글, 다카바타케 준 그림, 미디어창비
『사과 사과 사과 사과 사과 사과』, 안자이 미즈마루 지음, 미디어창비
『하나라도 백 개인 사과』, 이노우에 마사지 지음, 문학동네
『전나무가 되고 싶은 사과나무』, 조아니 데가니에 글, 쥘리에트 바르바네그르 그림, 노란돼지
『감나무가 부르면』, 안효림 지음, 반달
『할아버지의 감나무』, 서진선 지음, 평화를 품은 책
『알레나의 채소밭』, 소피 비시에르 지음, 단추
『순분씨네 채소가게』, 정지혜 지음, 사계절
『고라니 텃밭』, 김병하 지음, 사계절
『콩, 풋콩, 콩나물』, 고야 스스무 글, 나카지마 무쓰코 그림, 시금치
『맛있는 구름콩』, 임정진 글, 윤정주 그림, 국민서관
『콩 심기』, 신보름 지음, 킨더랜드
『산으로 들로 맛있는 딸기 교실』, 마츠오카 다츠히데 지음, 천개의 바람
『꼬마 농부의 사계절 텃밭 책』, 카롤린 펠리시에·비르지니 알라지디 글, 엘리자 제앵 그림, 이마주
『채소밭 차차차』, 야기 다미코 지음, 천개의바람
『당근 먹는 티라노사우루스』, 스므리티 프라사담 홀스 글, 카테리나 마놀레소 그림, 풀과바람
『채식하는 호랑이 바라』, 김국희 글, 지윤백 그림, 낮은산

한식 그림책

떡과 명절 음식 (가래떡, 시루떡, 떡국과 만두, 송편 등)
『가래떡』, 사이다 지음, 반달
『팥고물 시루떡』, 이월 글, 홍우리 그림, 키즈엠
『떡이 최고야』, 김난지 글, 최나미 그림, 천개의바람
『떡국의 마음』, 천미진 글, 강은옥 그림, 발견
『손 큰 할머니의 만두 만들기』, 채인선 글, 이억배 그림, 재미마주
『추석 전날 달밤에』, 천미진 글, 정빛나 그림, 키즈엠
『별나게 웃음 많은 아줌마』, 아를린 모젤 글, 블레어 렌트 그림, 파랑새어린이

밥 (쌀밥, 김밥, 비빔밥 등)
『대단한 밥』, 박광명 지음, 고래뱃속
『밥 춤』, 정인하 지음, 고래뱃속
『김밥은 왜 김밥이 되었을까?』, 채인선 글, 최은주 그림, 한림출판사
『돌돌 말아 김밥』, 최지미 지음, 책읽는곰
『꽃밥』, 정연숙 글, 김동성 그림, 논장
『밥이 최고야』, 김난지 글, 최나미 그림, 천개의 바람
『둥글댕글 아빠표 주먹밥』, 이상교 글, 신민재 그림, 시공주니어
『비빔밥 꽃이 피었다』, 김황 글, 전명진 그림, 웅진주니어
『여우 비빔밥』, 김주현 글, 이갑규 그림, 마루벌
『모모모모모』, 밤코 지음, 향
『나랑 같이 밥 먹을래?』, 김주현 글, 홍선주 그림, 만만한책방
『한 그릇』, 변정원 지음, 보림
『맛있어 보이는 백곰』, 시바타 게이코 지음, 길벗스쿨
『김밥은 왜 김밥이 되었을까?』, 채인선 글, 최은주 그림, 한림출판사
『맛있는 초밥 도감』, 오모리 히로코 지음, 길벗스쿨
『나는 매일 밥을 먹습니다』, 허정윤 글, 이승원 그림, 한솔수북
『꿈을 이루는 밥 짓기』, 노정임 글, 안경자 그림, 바람하늘지기
『밥 먹자!』, 한지선 지음, 낮은산

반찬과 찌개

『계란말이 버스』, 김규정 지음, 보리
『된장찌개』, 천미진 글, 강은옥 그림, 키즈엠
『바람의 맛』, 김유경 지음, 이야기꽃
『캠핑카 타고 매콤 짭조름 새콤달콤한 우리 음식 여행』, 김인혜 글, 조윤주 그림, 사계절

김치

『호로록 물김치』, 천미진 글, 박규빈 그림, 쉼어린이
『김치 특공대』, 최재숙 글, 김이조 그림, 책읽는곰
『김치 도감』, 고은정 글, 안경자 그림, 현암주니어
『김장하는 날은 우리 동네 잔칫날!』, 이규희 글, 최정인 그림, 그린북
『김치가 최고야』, 김난지 글, 최나미 그림, 천개의바람
『김치 가지러 와!』, 길상효 글, 신현정 그림, 씨드북
『오늘은 우리 집 김장하는 날』, 채인선 글, 방정화 그림, 보림

면(국수 등)

『가늘고 긴 음식』, 전재신 글, 정유정 그림, 씨드북
『풀잎 국수』, 백유진 지음, 웅진주니어
『오늘부터 국수 금지』, 제이콥 크레이머 글, K-파이 스틸 그림, 그린북
『국시꼬랭이』, 이춘희 글, 권문희 그림, 사파리
『짜장면만 먹을래!』, 스테파니 블레이크 지음, 한울림어린이
『짜장면 더 주세요』, 이혜란 지음, 사계절

빵 · 과자 · 피자 · 케이크 그림책

『탄빵』, 이나래 지음, 반달
『오리야, 쿠키 어디서 났니?』, 모 윌렘스 지음, 살림어린이
『두근두근』, 이석구 지음, 고래이야기
『깊은 밤 부엌에서』, 모리스 샌닥 지음, 시공주니어

『구리와 구라의 빵 만들기』, 나카가와 리에코 글, 야마와키 유리코 그림, 한림출판사
『까마귀네 빵집』, 가코 사토시 지음, 고슴도치
『버찌 잼 토스트』, 문지나 지음, 북극곰
『화라과라 과자점』, 전은진 지음, VCR
『누가 초콜릿을 만들까?』, 이지유 글, 이해정 그림, 창비
『달 샤베트』, 백희나 지음, 책읽는곰
『알사탕』, 백희나 지음, 책읽는곰
『앗! 피자』, 정호선 지음, 사계절
『꽁꽁꽁 피자』, 윤정주 지음, 책읽는곰
『아빠랑 함께 피자놀이를』, 윌리엄 스타이그 지음, 보림
『케이크 파티』, 이소을 지음, 상상파티
『앙글방글 케이크』, 쓰보이 주리 지음, 비룡소
『쥐돌이와 팬케이크』, 나까에 요시오 지음, 우에노 노리코 그림, 비룡소
『콩알 특공대와 생일 케이크』, 나카가와 치히로 글, 고요세 준지 그림, 길벗어린이
『천둥 케이크』, 트리샤 폴라코 지음, 시공주니어

그림책을 읽고 함께 요리하는
그림책 레시피

1판 1쇄 발행 2020년 11월 30일
1판 2쇄 발행 2023년 4월 28일

지은이	사랑눈, 정화
펴낸이	한기호
책임편집	오선이
편집	여문주, 박혜리
본부장	연용호
마케팅	하미영
경영지원	김유아
인쇄	예림인쇄
펴낸곳	(주)학교도서관저널

출판등록 제2009-000231호(2009년 10월 15일)
주소 서울시 마포구 동교로 12안길 14(서교동) 삼성빌딩 A동 3층
전화 02-322-9677
팩스 02-6918-0818
전자우편 slj9677@gmail.com
홈페이지 www.slj.co.kr

ISBN 978-89-6915-086-8 03370

이 도서의 국립중앙도서관 출판예정도서목록(CIP)은 서지정보유통지원시스템 홈페이지(http://seoji.nl.go.kr)와 국가자료종합목록 구축시스템(http://kolis-net.nl.go.kr)에서 이용하실 수 있습니다. (CIP제어번호 : CIP2020048692)

책값은 뒤표지에 있습니다.